A ABOLIÇÃO

Direitos de publicação reservados à:
Fundação Editora da UNESP (FEU)

Praça da Sé, 108
01001-900 – São Paulo – SP
Tel.: (0xx11) 3242-7171
Fax: (0xx11) 3242-7172
www.editoraunesp.com.br
feu@editora.unesp.br

CIP – Brasil. Catalogação na fonte
Sindicato Nacional dos Editores de Livros, RJ

C87a
8.ed.
Costa, Emília Viotti da
A abolição/Emília Viotti da Costa. – 8ª ed. rev. e ampl. – São Paulo: Editora UNESP, 2008.
il.

Inclui bibliografia
ISBN 978-85-7139-832-0

1. Escravidão – Brasil. 2. Brasil – História – Abolição da escravidão, 1888. I. Título.

08-2425. CDD: 981.04
CDU: 94(81)

Editora afiliada:

Asociación de Editoriales Universitarias de América Latina y el Caribe

Associação Brasileira de Editoras Universitárias

EMÍLIA VIOTTI DA COSTA

A ABOLIÇÃO

8ª ed. revista e ampliada

editora
unesp

Para

Jordana
Miguel
Júlia

SUMÁRIO

INTRODUÇÃO

A 8 de maio de 1888, o ministro da Agricultura, conselheiro Rodrigo Augusto da Silva, apresentou à Câmara dos Deputados uma proposta do Executivo declarando extinta a escravidão no Brasil. A Comissão, nomeada pela Câmara a fim de estudar a proposta, imediatamente deu parecer favorável, requerendo urgência para a votação do projeto. No relatório apresentado à Câmara, o deputado Duarte de Azevedo, falando em nome da Comissão, afirmou que esta estava convencida de que era impossível retardar por um só momento "a longa aspiração do povo brasileiro no sentido de satisfazer uma necessidade social e política"; caracterizava ainda a abolição como "um preito de homenagem prestado à civilização do século e à generosidade de coração de todos aqueles que amam o bem da humanidade". Essas palavras foram acompanhadas por aplausos e exclamações de júbilo vindas das galerias e dos recintos da Câmara. Mais de 5 mil pessoas tinham-se reunido nos arredores da Câmara para acompanhar a discussão.

Depois de alguns debates e apresentação de emendas, a Câmara, dispensando as formalidades habituais, conseguiu, em prazo recorde, pôr a proposta em votação. Oitenta e três deputados votaram favoravelmente ao projeto. Apenas nove votaram contra. Eram todos membros do Partido Conservador e, com exceção de um deputado por Pernambuco, todos os demais representavam a província do Rio de Janeiro — o último reduto da escravidão. Os fazendeiros de café das áreas decadentes do vale do Paraíba expressavam assim, por intermédio de seus representantes na Câmara, sua oposição à lei que viria dar um golpe de morte em suas fortunas já abaladas. Para eles, a abolição sem indenização representaria um golpe do qual dificilmente se recuperariam. Nada podiam fazer, porém, para impedir a aprovação da lei. Era impossível conter o entusiasmo que empolgara outros mais felizes para quem a abolição não representava abalo fundamental.

Depois de aprovado pela Câmara, o projeto foi encaminhado ao Senado, onde foi igualmente recebido com grande alegria. Imbuídos do mesmo senso de urgência, os senadores aprovaram-no a 13 de maio, encaminhando-o à Regente, princesa Isabel. Na tarde do mesmo dia, a princesa assinava a lei que ficou conhecida na história do Brasil sob a designação de *Lei Áurea*. Em regozijo pela passagem da lei, o dia 13 de maio foi considerado feriado nacional e a Câmara entrou em recesso por um período de cinco dias.

Mais de 700 mil escravos, em sua maioria localizados nas províncias de São Paulo, Minas Gerais e Rio de Janeiro, foram assim, do dia para a noite, transformados em homens livres. Nas senzalas e nos quilombos os negros festejaram sua liberdade. Os jornais louvaram a lei. Muitas páginas foram escritas em sua comemoração. Nas ruas, a população celebrou ruidosamente a emancipação dos escravos.

Dessa forma, por um simples ato legislativo endossado pela Coroa e aclamado pela maioria da população, eliminava-se uma instituição que vigorara por mais de três séculos. Por mais longos e difíceis que tivessem sido os caminhos da Abolição, chegava-se ao fim, sem que fosse preciso lançar o país em uma guerra civil, como sucedera nos Estados Unidos. Lá os escravos só conquistaram sua liberdade depois de longa e cruenta guerra, na qual os proprietários de escravos e seus aliados defenderam, de armas na mão, sua propriedade ameaçada pelo governo da União. E, a despeito dos receios que alguns proprietários de escravos sentiram por ocasião da abolição, o país não se viu às voltas com uma guerra entre as raças, comparável àquela que resultara nos massacres de São Domingos, um século antes.

As catástrofes anunciadas por aqueles que esperavam ver a economia do país destruída também não ocorreram. Depois de breve período de desorganização, a vida se normalizou. Nas cidades e nas fazendas, a produção reassumiu o ritmo anterior.

Para uns poucos fazendeiros, a abolição significou a ruína e a perda de *status:* "um golpe terribilíssimo", na opinião de um deles. "O assalto mais inclemente que até hoje se perpetrou no Brasil contra a propriedade privada", no dizer de um descendente de senhores de escravos. Os que esperavam ser indenizados pela perda de seus escravos viram seus sonhos frustrados. Desiludidos, voltaram-se contra o governo que os levara à ruína. Mas seu ressentimento e protesto perderam-se entre as exclamações de júbilo dos escravos e de todos aqueles que se haviam identificado com a causa da abolição.

Na resposta à *Fala do Trono,* apresentada pela Câmara dos Deputados em junho de 1888, os deputados, dirigindo-se à princesa Isabel, assim se expressaram:

> Desfizemo-nos Senhora, do ominoso legado que apenas por constrangimento da indústria agrícola havíamos mantido até hoje, restituímos à personalidade humana os foros integrais de sua dignidade em face do princípio de igualdade política; consagramos o da uniformidade da condição civil e eliminamos assim da legislação a única exceção repugnante com a base moral do direito pátrio, e com o espírito liberal das instituições modernas.
>
> Esse fato, que é testemunho do nosso adiantamento social e político, e que deve acrescentar a consideração que o Brasil merecia das nações civilizadas, foi ruidosamente aplaudido dentro e fora do Império. (*Falas do Trono,* desde o ano de 1823 até o ano de 1889. São Paulo, 1977.)

Com essas palavras, a Câmara dos Deputados dava por encerrada sua responsabilidade em relação aos escravos. Cumprira sua missão: libertar os homens brancos do peso da escravidão e das contradições que existiam entre a escravidão e os princípios liberais adotados pela Constituição brasileira, em vigor desde 1824. Removera a pecha de atraso que desmoralizava a Nação diante do mundo. O Brasil era o último país do mundo ocidental a eliminar a escravidão! Para a maioria dos parlamentares, que se tinham empenhado pela abolição, a questão estava encerrada. Os ex-escravos foram abandonados à sua própria sorte. Caberia a eles, daí por diante, converter sua emancipação em realidade. Se a lei lhes garantia o *status* jurídico de homens livres, ela não lhes fornecia os meios para tornar sua liberdade efetiva. A igualdade jurídica não era suficiente para eliminar as enormes distâncias sociais e os preconceitos que mais de trezentos anos de cativeiro haviam criado. A Lei Áurea abolia a escravidão mas não seu legado. Trezentos anos de opressão não se eliminam com uma penada. A abolição foi apenas o primeiro passo na direção da emancipação do negro. Nem por isso deixou de ser uma conquista, se bem que de efeito limitado.

É a história dessa conquista que queremos narrar.

Quando examinamos os acontecimentos que levaram à abolição da escravatura, nos vem à mente uma série de questões: por que se repudiava, em 1888, uma instituição que durante séculos fora aceita sem objeção? Por que tanta urgência no encaminhamento do projeto? Como explicar que a maioria dos parlamentares, muitos dos quais tinham sido eleitos com o apoio de senhores de escravos, aprovasse a lei, sem maiores debates? Por que os senhores de escravos não tentaram impedir, de armas na mão, o ataque à sua propriedade que a própria Constituição garantia? Que papel desempenharam os negros e os escravos nesse processo? Por que a abolição tardou tanto a ser decretada no Brasil? São essas algumas das questões a que pretendemos responder nas páginas que se seguem.

CAPÍTULO 1

DA DEFESA DA ESCRAVIDÃO À SUA CRÍTICA

Durante três séculos (do século XVI ao XVIII) a escravidão foi praticada e aceita sem que as classes dominantes questionassem a legitimidade do cativeiro. Muitos chegavam a justificar a escravidão, argumentando que graças a ela os negros eram retirados da ignorância em que viviam e convertidos ao cristianismo. A conversão libertava os negros do pecado e lhes abria a porta da salvação eterna. Dessa forma, a escravidão podia até ser considerada um benefício para o negro! Para nós, esses argumentos podem parecer cínicos, mas, naquela época, tinham poder de persuasão. A ordem social era considerada expressão dos desígnios da Providência Divina e, portanto, não era questionada. Acreditava-se que era a vontade de Deus que alguns nascessem nobres, outros, vilões, uns, ricos, outros, pobres, uns, livres, outros, escravos. De acordo com essa teoria, não cabia aos homens modificar a ordem social. Assim, justificada pela religião e sancionada pela Igreja e pelo Estado — representantes de Deus na terra —, a escravidão não era questionada. A Igreja limitava-se a recomendar paciência aos escravos e benevolência aos senhores.

Não é difícil imaginar os efeitos dessas idéias. Elas permitiam às classes dominantes escravizar os negros sem problemas de consciência. Os poucos indivíduos que no Período Colonial, fugindo à regra, questionaram o tráfico de escravos e lançaram dúvidas sobre a legitimidade da escravidão, foram expulsos da Colônia e o tráfico de escravos continuou sem impedimentos. Apenas os próprios escravos questionavam a legitimidade da instituição, manifestando seu protesto por meio de fugas e insurreições. Encontravam, no entanto, pouca simpatia por parte dos homens livres e enfrentavam violenta repressão.

Liberalismo e escravidão

As doutrinas que justificavam a escravidão foram, no entanto, abaladas no decorrer do século XVIII. Em sua luta pela destruição do Antigo Regime, a burguesia européia criou conceitos novos, que vieram pouco a pouco solapar a visão de mundo que justificava a ordem tradicional. Com o intuito de combater os antigos privilégios que cimentavam a ordem política e social existente, os revolucionários do século XVIII criticaram a teoria que atribuía aos reis um poder divino e proclamaram a soberania dos povos, exigindo a criação de formas representativas de governo. Afirmaram ainda a supremacia das leis e os direitos naturais do homem, entre os quais o direito de propriedade, de liberdade e de igualdade de todos perante a lei.

No pensamento revolucionário do século XVIII encontram-se as origens teóricas do abolicionismo. Até então, a escravidão fora vista como fruto dos desígnios divinos; agora ela passaria a ser vista como criação de vontade dos homens, portanto transitória e revogável. Enquanto no passado considerara-se a escravidão um corretivo para os vícios e a ignorância dos negros, via-se agora, na escravidão, sua causa. Invertiam-se, assim, os termos da equação. Passou-se a criticar a escravidão em nome da moral, da religião e da racionalidade econômica. Descobriu-se que o cristianismo era incompatível com a escravidão; o trabalho escravo, menos produtivo do que o livre; e a escravidão uma instituição corruptora da moral e dos costumes.

Enquanto na Europa a revolução burguesa produzia seus frutos, no Brasil, os colonos que se sentiam cada vez mais reprimidos pela política metropolitana acolhiam com entusiasmo as novas idéias revolucionárias. No bojo dessas idéias havia, entretanto, algumas contradições fundamentais. Como conciliar o direito de propriedade que os senhores tinham sobre seus escravos com o direito que os escravos tinham (como homens) à sua própria liberdade? Como conciliar a sujeição do escravo com a igualdade jurídica, que, segundo a nova filosofia, era um direito inalienável do homem?

Muito cedo os escravos e os negros livres perceberam o significado revolucionário das novas idéias. Muito cedo, também, os senhores de escravos deram-se conta do dilema que a prática revolucionária criava. Quando os inconfidentes mineiros discutiam as possibilidades de um levante contra a administração portuguesa, eles se perguntavam se seria possível promover uma insurreição contra Portugal sem primeiro libertar os escravos. Reconheciam o quanto a elite colonial dependia do trabalho deles, mas, ao mesmo tempo, receavam que, em caso de insurreição, seria impossível conter a massa de escravos que facilmente se empolgaria com as idéias de liberdade e igualdade.

Essa preocupação não era infundada, como ficou demonstrado alguns anos mais tarde. Em 1798, mulatos e pretos livres e escravos foram condenados na Bahia por defenderem "os abomináveis princípios franceses" e por tramarem contra os poderes constituídos. Os revolucionários da conjura baiana (como muitos outros revolucionários daí por diante) não tinham lido os autores da Ilustração: Rousseau, Voltaire, Montesquieu, Raynal, que tanto entusiasmavam os intelectuais da época, mas tinham entendido, à sua maneira, a mensagem de liberdade e igualdade que a nova ideologia revolucionária continha. Certamente pouco sabiam sobre a França ou sobre os franceses, mas tinham feito destes os símbolos de almejada liberdade. A repressão desencadeada contra os que defendiam "os princípios franceses" parecia confirmar ainda mais a validade desses símbolos. As autoridades identificavam-se com a opressão, os novos princípios, com a liberdade. Dessa forma, a própria repressão contribuiu para dar maior força a essas idéias.

Como sempre acontece na história, o discurso ideológico tinha muitas leituras e os símbolos, múltiplos significados.

Cada grupo social entendia o novo ideário revolucionário à sua maneira e como a sociedade estava dividida em grupos, cujos interesses eram contraditórios — senhores que desejavam manter seus escravos no cativeiro, e escravos que desejavam ser livres —, a leitura da cartilha revolucionária também era contraditória. Essa contradição, que a retórica e o simbolismo revolucionário podiam ocultar temporariamente, dado seu caráter abstrato e universalizante, a prática bem cedo iria desvendar.

Na época da Independência, os escravos viram suas aspirações à liberdade frustradas. Se bem que a Carta Constitucional de 1824 incluísse um artigo transcrevendo a *Declaração dos Direitos do Homem* e *do Cidadão* (cópia quase idêntica à original francesa de 1789), na qual se afirmava que a liberdade era um direito inalienável do homem, manteve-se escravizada quase a metade da população brasileira. A Constituição ignorou os escravos. Sequer reconheceria sua existência. A eles não se aplicavam as garantias constitucionais.

Não obstante esse flagrante desrespeito à humanidade do escravo, a consagração dos princípios liberais pela Constituição foi o primeiro passo em direção à criação de uma consciência crítica em relação ao sistema escravista. A questão que se apresentaria a partir daí era como justificar a escravidão em uma sociedade em que se aceitavam os novos princípios liberais. Como negar aos escravos os direitos humanos que, em princípio, aplicavam-se a todos?

Na época da Independência e muitos anos depois, a maioria da classe dominante no Brasil continuava a depender inteiramente do trabalho escravo. Por isso, fariam ouvidos surdos aos argumentos de uns poucos indivíduos que, identificados com as novas idéias ilustradas então em voga na Europa, denunciavam a contradição entre liberalismo e escravidão e condenavam a escravidão em termos morais, religiosos e econômicos.

O discurso ilustrado

Os poucos indivíduos da classe dominante que, na época da Independência e nos anos que se seguiram, divergiram do tom predominante e condenaram a escravidão, não eram típicos da elite brasileira. Por razões de família ou por formação profissional, não se identificavam inteiramente com sua própria classe. Hipólito da Costa, por exemplo, um dos primeiros a criticar o tráfico de escravos em um periódico que era publicado em Londres denominado *Correio Braziliense*, vivia na Inglaterra onde se familiarizou com as idéias liberais. Não é de estranhar, pois, que já em 1811 escrevesse que a escravidão era contrária às leis da natureza e às disposições morais dos homens, e recomendasse a substituição do trabalho escravo pelo trabalho livre. José Severiano Maciel da Costa, autor de *Memória sobre a necessidade de abolir a introdução de escravos africanos no Brasil*, em que sugeria a maneira pela qual essa abolição poderia ser feita e recomendava soluções para remediar a falta de braços que a interrupção do tráfico acarretaria, também não era um típico representante da elite nativa.

Se bem que tivesse se formado na Universidade de Coimbra, como muitos outros brasileiros pertencentes a famílias importantes, ele não voltara imediatamente ao Brasil depois de formado. Exercera a magistratura em Portugal e tornara-se um burocrata a serviço da Coroa portuguesa. De 1808 a 1817, fora governador da Guiana Francesa. Durante os anos de sua formação tornara-se um admirador de pensadores franceses e ingleses como Adam Smith, Bentham e Jean-Baptiste Say. Os anos que vivera no exterior permitiram-lhe certo distanciamento em relação aos interesses mais imediatos das classes dominantes brasileiras, se bem que com elas se identificasse de muitas formas. Tal qual outros indivíduos de sua classe, ele se horrorizara com os levantes de escravos em São Domingos e Barbados e receava que algo semelhante viesse a ocorrer no Brasil. Temia que os escravos, contagiados pelas idéias de liberdade e igualdade, viessem a massacrar os brancos. Sua crítica à escravidão não era, no entanto, apenas fruto desses receios. Ela nascia, sobretudo, da convicção — característica do pensamento burguês europeu — de que o trabalho escravo produzia rendimentos inferiores aos do trabalho livre e inibia o desenvolvimento das indústrias. Essa opinião não era endossada pela maioria dos proprietários de escravos dessa época. Mas, apesar do caráter até certo ponto "progressista" de sua proposta a favor da interrupção do tráfico, havia nos argumentos de Maciel da Costa um tom preconceituoso e racista muito comum entre os homens das classes dominantes. Entre as várias críticas que fazia à escravidão, Maciel da Costa dizia que ela era responsável pelo "abastardamento" da raça portuguesa.

Não muito diferente dessas eram as idéias de José Bonifácio de Andrada e Silva, o patriarca da Independência. Em sua *Representação à Assembléia Constituinte*, escrita em 1823 e publicada na França em 1825, José Bonifácio — que, aliás, não chegou a apresentar sua representação à Assembléia Constituinte, pois esta foi dissolvida pelo imperador em 1823, antes mesmo que terminassem os seus trabalhos argumentava que era impossível ter uma Constituição duradoura em um país em que a maioria da população era escravizada. Na opinião de José Bonifácio, a escravidão era uma instituição nefasta, corruptora da moral e dos costumes e inibidora do progresso do país. José Bonifácio, no entanto, tal como Maciel da Costa ou Hipólito da Costa, não era um representante típico das classes dominantes. Passara a maior parte de sua vida em Portugal, primeiro como estudante e depois como funcionário do governo português. Ocupara cargos importantes na administração portuguesa antes de voltar ao Brasil com a idade de 56 anos. Durante dez anos viajara pela Europa, tendo visitado um grande número de países. Quando voltara ao Brasil, às vésperas da Independência, depois de ter vivido na Europa por mais de trinta anos, trouxera consigo uma enorme bagagem cultural. Leitor ávido, espírito curioso, cientista e humanista, homem vivido e experiente, José Bonifácio logo se tornou confidente e conselheiro do príncipe D. Pedro e teve importante papel na proclamação da Independência. Cedo, no entanto, incompatibilizar-se-ia com as elites políticas brasileiras, que não podiam concordar com a crítica de José Bonifácio à escravidão e sua proposta de suspensão do tráfico de escravos. Irritados com suas idéias, que lhes pareciam muito radicais, os proprietários e os traficantes de escravos tudo fizeram para afastá-lo do poder.

Apesar de suas críticas à escravidão, nem José Bonifácio, nem Maciel da Costa chegaram a propor a abolição imediata. Ambos consideravam a emancipação dos escravos uma questão delicada e difícil de ser resolvida. Ambos argumentavam que, para que a abolição pudesse ser decretada, era preciso, primeiro, tomar medidas que facilitassem a transição do trabalho escravo para o trabalho livre.

Discurso escravista

Enquanto essas vozes isoladas denunciavam a incompatibilidade entre cristianismo e escravidão (incompatibilidade raramente percebida durante o Período Colonial), discorriam sobre a incompatibilidade entre os princípios liberais que tinham inspirado a Constituição e o sistema escravista, condenavam o trabalho escravo por ser menos produtivo do que o livre e denunciavam os efeitos desmoralizadores da escravidão sobre a moral e os costumes, a maioria da população continuava a ignorar esses argumentos e se opunha a qualquer medida que visasse à cessação do tráfico ou à extinção gradual da escravatura.

Em defesa da escravidão, continuava-se a repetir velhos argumentos, usados desde o Período Colonial. Dizia-se que a escravidão era benéfica para o negro, pois que o retirava da barbárie em que vivia para introduzi-lo no mundo cristão e civilizado. Afirmava-se que o negro não era capaz de sobreviver em liberdade. Alguns, embora reconhecessem que a escravidão fosse condenável em termos morais, argumentavam que ela era um mal necessário, pois a economia nacional não poderia funcionar sem o escravo. A abolição da escravatura, diziam eles, seria a ruína do país. Essa foi a opinião que acabou por predominar entre as elites. Por isso, enquanto os representantes da Nação declamavam na Câmara dos Deputados, nas Assembléias Provinciais e no Senado o ideário liberal, continuava-se a importar escravos da África em número crescente, a fim de atender à crescente demanda de mão-de-obra.

Discurso radical

Se, entre as camadas dirigentes, a crítica à escravidão não encontrava eco, ficando limitada a uma minoria ilustrada e europeizada, ela encontraria lastro entre camadas populares urbanas. A leitura dos numerosos pasquins que circulavam nessa época revela que as críticas à escravidão, ao tráfico de escravos e aos preconceitos raciais eram freqüentes. Essas críticas eram expressão de grupos radicais que se mantiveram combativos em várias regiões do país, manifestando-se em revoltas como a Confederação do Equador (1824), as rebeliões do Período Regencial (1831-1842) e a Revolução Pernambucana de 1848, conhecida como Revolução Praieira.

Em virtude do grande número de pasquins que nos chegaram às mãos é possível, hoje, reconstituir esse pensamento jacobino, se bem que o presente nível das pesquisas históricas não nos permita ainda identificar, com segurança, os leitores desses pasquins. A maioria foi de curta duração e pequena tiragem, quando muito trezentos, quatrocentos ou quinhentos exemplares. Só raramente chegavam a ter maior circulação, como o famoso O *Progresso*, cuja tiragem chegou a 4 mil exemplares. Entre os editores de pasquins encontravam-se intelectuais desempregados, farmacêuticos, médicos, padres e outros indivíduos — jornalistas improvisados — que se fizeram porta-vozes de escravos, negros e mulatos livres, artesãos e pequenos comerciantes. Alguns desses editores tornaram-se verdadeiros profissionais e freqüentemente o mesmo homem aparecia como responsável por um grande número de pasquins publicados em diferentes lugares e em diferentes ocasiões.

Os pasquins são expressão das lutas de classe e de raças, que, nos anos que se seguiram à Independência, com freqüência se traduzem em ataques às elites e ao governo. Por isso, os autores dos pasquins viviam sempre às voltas com a polícia, e a vida deles foi marcada por passagens pela cadeia ou períodos de exílio. Alguns menos afortunados acabaram sendo condenados à morte por seu envolvimento em movimentos revolucionários. Tal foi o caso do famoso Frei Caneca.

Indivíduos de linguagem causticante e ânimo exaltado, ídolos das massas, esses panfletários eram legítimos representantes do pensamento radical ou jacobino. Alguns eram brancos e outros eram negros, como Luis Ciriaco da Silva, mulatos como Antônio Pedro de Figueiredo, editor de *O Progresso*, periódico que circulou em Recife de junho de 1846 a setembro de 1848. Uns eram mais coerentes do que outros e podemos acompanhá-los de pasquim em pasquim, ano após ano, combatendo pelas mesmas causas. Outros, como Torres Homem, começaram atacando o governo e acabaram identificando-se com ele. Grande número era de origem modesta — homens cuja educação lhes permitira transformar-se em porta-vozes dos oprimidos. Alistavam-se sob as bandeiras da Oposição Liberal Radical e colocavam sua pena à disposição de todos os descontentes.

O momento áureo desses panfletários foi a Regência, quando as contradições de classe afloraram em uma série de revoltas e a luta pelo poder se aguçou. A voz dos jacobinos se fez ouvir durante os numerosos levantes desse período. Os pasquins estão cheios de ataques ao latifúndio improdutivo, críticas à escravidão, propostas de emancipação dos escravos, denúncia dos preconceitos raciais, ataques aos estrangeiros que invadiam os mercados brasileiros, controlavam o comércio e destruíam o artesanato local, denúncias dos abusos cometidos pelas classes dirigentes, críticas à centralização política, ao Senado Vitalício, ao Conselho de Estado. *A Nova Luz Brasileira*, de propriedade de Ezequiel Correia dos Santos e João Batista de Queiroz, é um bom exemplo desse tipo de periódico.

Aparentemente, o pensamento jacobino expressava a visão dos artesãos, pequenos comerciantes retalhistas, soldados e outros grupos da pequena burguesia e das camadas populares urbanas, indignados com o crescente monopólio do comércio pelos estrangeiros, a invasão do mercado nacional pelos produtos europeus, a desvalorização da moeda, o aumento do custo de vida e o controle da máquina estatal por uma minoria de tendências ultraconservadoras e elitistas. Muitos dos que compunham as camadas populares eram mulatos ou negros — o que, até certo ponto, explica sua denúncia dos preconceitos raciais e sua posição favorável à emancipação.

As opiniões em favor da emancipação, no entanto, não chegaram, na primeira metade do século XIX, a se transformar em um movimento organizado. O tema da abolição do tráfico e da escravatura ainda era, nessa época, uma nota menor na orquestração de descontentamentos múltiplos que se expressaram nas lutas políticas desse agitado período da história do Império. Uma por uma, as insurreições da Regência foram sendo reprimidas por um governo que, depois de atender, por meio do Ato Adicional, às reivindicações por maior autonomia provincial, tornara-se cada vez mais preocupado em manter a ordem. As revoltas populares dos anos de 1830 e 1840 assustaram as elites que se tornaram ainda mais conservadoras. Balaios, cabanos, farrapos, praieiros e todos os demais que ousaram desafiar a hegemonia das elites foram silenciados. Simultaneamente, o discurso radical se esvaziou. A segunda metade do século se iniciaria sob a égide de uma elite próspera e um governo de conciliação aparentemente estável. Prosperidade e estabilidade, entretanto, continuavam a depender do trabalho escravo. E a elite continuava apegada à escravidão.

CAPÍTULO 2

A ABOLIÇÃO DO TRÁFICO

As estimativas sobre o total da população brasileira, na época da Independência, são bastante precárias, mas é possível calcular que, em um total de pouco mais de 3,5 milhões de habitantes, havia cerca de 1,5 milhão de escravos. Concentravam-se nas zonas açucareiras do Nordeste (54%) e nas antigas zonas de mineração (20%). No Rio de Janeiro, onde se situava a capital do país, havia também uma grande concentração de escravos e estes tendiam a aumentar, porque nos arredores da cidade começava-se a plantar café, um produto que viria a ser a grande riqueza do país. Nessas três áreas juntas viviam mais de 85% dos escravos.

Nas grandes plantações e nas roças, nas cidades e nos campos, os escravos constituíam a principal força de trabalho. Vendedores ambulantes, artesãos, carregadores, empregados domésticos, carreiros, na sua maioria escravos, percorriam as ruas das cidades em sua incessante labuta.

Os viajantes que percorreram o Brasil na época são unânimes em afirmar que o mais humilde dos homens, assim que dispunha de algum capital, comprava um escravo e passava a viver à custa do trabalho dele. Possuir escravos era o ideal da grande maioria da população que, com raras exceções, não parecia ver outras alternativas para o problema da mão-de-obra. Não é, pois, de estranhar que, apesar das promessas de cessar o tráfico feitos pelo governo brasileiro à Inglaterra por ocasião da Independência, este continuasse ininterrupto.

Posição da Inglaterra

Foram as pressões internacionais que levaram finalmente à aprovação da Lei de 1831, que proibiu o tráfico de escravos. A pressão veio da Inglaterra que, depois que o Parlamento inglês abolira o tráfico de escravos em suas colônias (1807), tornou-se paladina da emancipação e passou a perseguir os negreiros em alto-mar. Freqüentemente, navios negreiros com destino a portos brasileiros eram apreendidos por navios britânicos. Isso dava margem a intermináveis questões jurídicas, causando grande irritação entre os interessados na manutenção do tráfico. Estes acusavam a Inglaterra de não só desrespeitar a soberania nacional, como tramar a ruína da economia brasileira. Mesmo um autor como Maciel da Costa, que condenava a escravidão e era favorável, em princípio, à cessação do tráfico, acusava a Inglaterra de má-fé. Dizia ele que a "Inglaterra lutava com tanto afinco pela abolição universal do comércio de escravos, porque pretendia arruinar a agricultura das Antilhas Francesas e Holandesas e criar obstáculos à prosperidade brasileira". Um outro autor, Domingo Alves Branco, acusava o governo britânico de querer tornar todas as nações tributárias da Inglaterra. A política inglesa contra o tráfico, se bem que apresentada como altruísta "sob o santo nome de zelo pela liberdade", dizia ele, não visava a outra coisa senão levar o Brasil à ruína. Os que defendiam o tráfico de escravos eram ainda mais críticos: acusavam a Inglaterra de hipocrisia, apontando para o fato de que companhias inglesas no Brasil não tinham escrúpulos em possuir escravos. Insinuavam, ainda, que os escravos apreendidos aos negreiros pelos ingleses eram levados às suas possessões na África, onde eram submetidos a igual servidão.

Dependência econômica

Apesar desses protestos, era difícil resistir à pressão britânica. A partir da Independência, o Brasil tinha-se tornado, de certa forma, uma colônia britânica em decorrência de sua dependência econômica em relação à Inglaterra. Essa dependência datava da transferência da Corte portuguesa para o Brasil, em 1808, quando D. João VI, em recompensa pela ajuda que os ingleses lhe haviam prestado naquela ocasião, concedera-lhes vários privilégios comerciais. Com os tratados comerciais de 1810, a Inglaterra passa a usufruir de uma situação privilegiada no mercado brasileiro. Graças a tarifas favoráveis, produtos ingleses invadiram o mercado brasileiro. Simultaneamente, a Inglaterra tornou-se a maior compradora dos produtos nacionais.

O preço dessa dependência econômica tornou-se logo óbvio para uma parcela da população. O artesanato brasileiro sofria a concorrência das manufaturas inglesas e a presença de produtos ingleses no mercado brasileiro impedia o desenvolvimento de uma indústria nacional. E mais grave ainda: depois da Independência o país passara a dever milhões de libras à Inglaterra. Esta se tornara a mediadora entre Portugal e Brasil. Graças à intervenção britânica, Portugal reconhecera a Independência do Brasil, tendo este se comprometido a pagar a Portugal uma indenização que montava a 2 milhões de libras esterlinas. A quantia foi levantada no mercado financeiro inglês. Com essa manobra, as elites brasileiras iniciavam uma prática que continuaria até o final do século: recorrer a empréstimos britânicos para financiar seus déficits. Com tudo isso, a Inglaterra adquiriu uma posição que lhe permitiu exercer grande pressão sobre o governo brasileiro.

Em 1826, por ocasião da renovação dos tratados comerciais, a Inglaterra conseguiu impor ao governo brasileiro uma cláusula pela qual este se comprometia a decretar a abolição do tráfico dentro de três anos a partir da ratificação do tratado. Pela lei de 7 de novembro de 1831, o governo brasileiro cumpriu a promessa, considerando livres todos os africanos introduzidos no Brasil daquela data em diante. Ao mesmo tempo, severas penas foram estipuladas contra os infratores da lei.

A lei de 1831, no entanto, foi simplesmente ignorada. Para grande irritação dos representantes britânicos no Brasil, o número de escravos introduzidos no país anualmente aumentou ainda mais. Entre 1831 e 1850, quando uma nova lei foi aprovada reiterando a proibição do tráfico, mais de meio milhão de escravos foi introduzido no país, em total desrespeito à lei de 1831. Embora ilegal, o tráfico continuava sendo considerado legítimo pela maioria da população. Fortunas enormes continuavam a ser feitas à custa do tráfico de escravos e negreiros ilustres continuavam a circular entre as elites da época.

As denúncias sobre os horrores do tráfico e as críticas à escravidão caíam em ouvidos surdos. Nem toda eloqüência e prestígio de homens como José Bonifácio, nem toda pressão do governo britânico, nem a oposição dos jacobinos, nem a proibição legal eram capazes de vencer os interesses organizados em defesa do tráfico. O que tornava a cessação do tráfico particularmente difícil era a expansão das culturas, em conseqüência da crescente demanda de produtos tropicais no mercado internacional. Para satisfazer essa demanda, os fazendeiros precisavam de braços e não lhes ocorria nenhuma outra solução senão recorrer ao trabalhador escravo, ao qual já estavam habituados.

Contrabando

Vários recursos foram adotados pelos negreiros para burlar a lei. Escravos eram desembarcados em praias remotas onde não havia nenhuma fiscalização. Bandeiras falsas eram hasteadas nos navios negreiros com o objetivo de confundir os perseguidores britânicos e as autoridades brasileiras. A conivência das autoridades era assegurada mediante propinas ou ameaças. Quando tudo isso falhava e algum juiz mais cioso de suas funções pretendia exercer seu papel, punindo os contrabandistas, verificava que a maioria da população acobertava o contrabando. Uns o faziam por interesse, outros por razões de família ou por amizade, outros ainda por receio de represália ou até mesmo por indiferença.

Em uma sociedade em que algumas poucas famílias de poderosos controlavam a política e a administração, era difícil fazê-las respeitar a lei, sobretudo quando esta feria seus interesses. Igualmente difícil era encontrar quem ousasse desafiá-los. Todos sabiam que a vingança não se faria esperar. Por isso, quando as autoridades abriam um inquérito contra algum contrabandista, com freqüência não encontravam quem depusesse contra ele. O contrabando continuava impune. Os próprios funcionários do governo estavam freqüentemente implicados, de uma forma ou de outra, nesse contrabando. Dependendo da patronagem das elites para sua nomeação, os funcionários eram, com freqüência, os primeiros a ignorar as irregularidades. Tudo isso contribuía para que o contrabando continuasse. Tão óbvios eram os abusos que não faltou quem propusesse a revogação da lei. No entanto, embora continuasse a ser violada, a lei foi mantida.

Apesar de todos os abusos e obstáculos para sua execução, o simples fato de a lei existir criava uma situação nova. Por mais identificadas que as elites estivessem com o contrabando e por mais unidas que estivessem na defesa da escravidão, elas estavam divididas por rivalidades políticas e pela luta pelo poder. As facções em luta podiam usar a lei para perseguir seus adversários, no caso de infração. Os grupos na Oposição atacavam os que estavam no poder, acusando-os de desrespeitar a lei e os que estavam no poder com freqüência usavam a lei como um pretexto para perseguir seus adversários.

Dessa forma, se bem que pouco eficaz, a lei foi mantida e, se não conseguiu interromper o tráfico, contribuiu para sua desmoralização. Este continuava, mas sua legitimidade fora questionada. Passara a ser uma atividade ilícita e o que era mais importante: a Nação assumira um compromisso internacional pelo qual se obrigara a abolir o tráfico. Pelo acordo estabelecido entre os governos brasileiro e britânico, este adquirira o direito de apreender as embarcações que se dedicassem ao tráfico.

Quinze anos se passaram sem que os cruzeiros ingleses conseguissem pôr um paradeiro ao tráfico. Quinze anos se passaram sem que o governo brasileiro cumprisse sua promessa. Os interesses ligados à lavoura e ao tráfico continuavam a desafiar a lei e a resistir à pressão inglesa. Os projetos apresentados à Câmara dos Deputados durante esse período, com o intuito de reformar a lei de 1831 para torná-la mais eficaz, foram sucessivamente rejeitados. O antagonismo contra os ingleses não fez senão crescer. Os traficantes de escravos e seus aliados eram hábeis em manipular a opinião pública contra os ingleses, explorando sentimentos nacionalistas e alegando que a atitude da Inglaterra representava um desrespeito à honra e à autonomia nacional. As tensões agravaram-se quando chegou a ocasião de rediscutir os termos do tratado comercial com a Inglaterra. Esta se empenhava em manter todos os privilégios que lhe haviam sido concedidos no passado. O governo brasileiro, no entanto, resistia. Uma de suas principais fontes de recursos eram as tarifas sobre importação e este se via agora forçado a rever algumas dessas tarifas, aumentando seu valor, o que desagradava aos ingleses. Em represália, o governo britânico reabriu a questão do tráfico de escravos.

A Inglaterra passou a subvencionar publicações abolicionistas com o intuito de exercer pressão sobre o Parlamento. Simultaneamente, intensificou sua campanha contra os negreiros. Em total desrespeito à soberania brasileira, navios ingleses invadiram as águas territoriais nacionais em sua perseguição aos contrabandistas de escravos. Por ato aprovado pelo Parlamento inglês em 1845, foi declarado lícito o apresamento de qualquer embarcação empregada no tráfico de escravos.

Entre 1849 e 1851 foram apreendidas pelos ingleses nada menos que noventa embarcações suspeitas de contrabando. A ameaça de um bloqueio e as demais pressões diplomáticas acabaram por surtir efeito. A questão da cessação do tráfico foi reaberta no Parlamento brasileiro. A situação brasileira complicou-se em 1849 por causa das guerras na região platina. Acreditava-se que Rosas e Oribe pretendiam atacar o Rio Grande do Sul. Na iminência de uma guerra, o Brasil precisava mais do que nunca do apoio da Inglaterra.

Lei Eusébio de Queiroz (1850)

Uma vez reaberta no Parlamento a questão do tráfico, o governo empenhou-se em fazer aprovar uma nova lei que impunha penas mais severas aos contrabandistas. A lei foi aprovada em 1850. Segundo a nova lei, a importação de escravos foi considerada ato de pirataria e como tal deveria ser punida. As embarcações envolvidas no comércio ilícito seriam vendidas com toda carga encontrada a bordo, sendo seu produto entregue aos apresadores, deduzido um quarto para o denunciante. Os escravos apreendidos seriam reexportados, por conta do governo, para os portos de origem ou qualquer outro porto fora do Império. Enquanto isso não fosse feito, eles deveriam ser empregados em trabalhos públicos, ficando sob a tutela do governo.

A partir da aprovação da lei, as autoridades brasileiras redobraram seus esforços na perseguição do contrabando, enquanto a Inglaterra permanecia vigilante. Mas, apesar de sua decisão de perseguir o contrabando, o governo continuava a lidar cautelosamente com casos de denúncia, alegando que os interesses da sociedade exigiam que se "*corresse um véu sobre essas cousas*". O contrabando diminuiu, mas não cessou por completo. Boatos de contrabando continuaram a ser ouvidos.

Em 11 de janeiro de 1851, Hudson, representante de Sua Majestade britânica, escrevia ao ministro Paulino de Souza denunciando a presença de vários negreiros impunes e mencionando a existência de barracões, destinados a receber contrabando de escravos, localizados em vários pontos do litoral: Cabo Frio, Amarração, Rio de São João, Rio das Ostras, Macaé, Campos, Manguinho, Marambaia, Mangaratiba, Dois Rios, Mambucaba, Fazenda do Alegrete, Perequê e outros. Comunicava que, à vista desse flagrante desrespeito à lei, fora revogada provisoriamente a suspensão da fiscalização inglesa com a qual haviam concordado anteriormente as autoridades britânicas, em virtude da solicitação do governo brasileiro.

As acusações de Hudson não eram infundadas. Os arquivos brasileiros estão cheios de documentos evidenciando ten-

"Partido Conservador."
"Questão do elemento servil."
"O que é o partido conservador, na opinião do illustre fazendeiro Paulino de Souza. A boiada conservadora que lhe agradeça." *Revista Ilustrada*, ano 10, n.405, 24 de março de 1885, p.1.

tativas de continuar o tráfico. Um documento de 8 de janeiro de 1853 refere-se a desembarque de escravos no Rio de Janeiro, proveniente de navio norte-americano. Outro, de março, acusa a presença em Santos, no Perequê, de canoas e baleeiras dedicadas ao tráfico, pertencentes a um Valêncio Augusto Teixeira Leonil, o qual, segundo constava, depois de ter sido expulso do Brasil, estaria de volta. Um documento datado de 27 de dezembro de 1854 menciona a existência de uma associação entre pessoas importantes de Jacareí e Paraibuna, cujo propósito era promover o tráfico de africanos. No mesmo ano, o ministro da Justiça denuncia ao presidente da província de São Paulo que Domingos José da Costa, construtor no Arsenal da Marinha, partira para Campos com o fito de armar três barcos que se destinavam à África. Outro documento da mesma época faz referências a estrangeiros envolvidos no tráfico e ameaça-os de deportação. Um documento de 1856 insinua que havia ocorrido um desembarque de escravos vindos dos Estados Unidos. Os boatos desse tipo continuam por mais uma década tendo recrudescido por ocasião da Guerra Civil nos Estados Unidos, quando se disse que norte-americanos do Sul dos Estados Unidos se refugiaram no Brasil com seus escravos. No entanto, apesar das numerosas dificuldades, a lei de 1850 teve melhores resultados que a de 1831. O contrabando de escravos tornou-se cada vez mais raro, acabando por cessar completamente.

CAPÍTULO 3

A BUSCA DE ALTERNATIVAS

A abolição do tráfico teve um impacto imediato no preço de escravos. A alta se fez sentir mais agudamente nas zonas pioneiras, onde a demanda era maior. Em curto prazo, os preços dobraram e daí por diante, até a década de oitenta, continuaram a subir. Em 1850, pagava-se de quinhentos a seiscentos mil-réis por um escravo do sexo masculino entre quinze e trinta anos de idade. Dez anos mais tarde, o preço subira a um conto e quinhentos e, no fim da década de 1870, chegou até a dois e meio. Um escravo conhecedor de um ofício, isto é, um marceneiro, um ferreiro, um barbeiro etc., podia valer ainda mais, chegando, por vezes, a 2,700 e até três contos de réis.

Diante da alta de preços, os fazendeiros passaram a se preocupar mais com o tratamento dado aos escravos. Em meados do século multiplicaram-se os manuais dando aos fazendeiros instruções sobre como cuidar melhor de seus escravos.

Trabalhadores nacionais

A cessação do tráfico africano levou os fazendeiros a procurar soluções alternativas para o problema da mão-de-obra. Alguns sugeriram a possibilidade de empregar o trabalhador livre nacional. A grande maioria dos fazendeiros, no entanto, continuava a duvidar que isso fosse possível. O trabalhador nacional vivia na periferia dos latifúndios, em pequenas propriedades, dedicando-se à economia de subsistência e só esporadicamente se dispunha a trabalhar nas fazendas. Muitos eram moradores em fazendas, onde, em troca do usufruto da terra, desempenhavam algumas tarefas que os proprietários não consideravam adequadas a seus escravos, por exemplo, as derrubadas de matas, que, por oferecerem risco de vida, eram em geral entregues aos trabalhadores livres.

De uma forma ou de outra, o trabalhador nacional tinha acesso à terra, de onde retirava o necessário à sua subsistência e recusava-se a trabalhar regularmente nas fazendas. Só o faria se a isso fosse forçado. Expulsão da terra, trabalho forçado e endividamento foram métodos usados tanto no México quanto na Guatemala ou no Peru para forçar a população rural (camponeses) a trabalhar nas fazendas, problema que, como se vê, não era sentido apenas pelos fazendeiros brasileiros, mas que foi comum em muitos outros países da América Latina. Essas medidas, contudo, eram difíceis de se pôr em prática.

Além disso, o problema da mão-de-obra não era sentido igualmente em todas as áreas do país. Nas regiões mais abastecidas de escravos, era menos agudo do que nas áreas pioneiras em que se abriam fazendas novas. No Nordeste, ele era, de certa forma, atenuado porque as secas que assolavam periodicamente o sertão expulsavam um grande número de famílias. Essas eram obrigadas a se deslocar para a Zona da Mata onde procuravam emprego. O problema era mais grave em São Paulo, onde as fazendas de café se expandiam rapidamente.

Imigrantes

Alguns fazendeiros paulistas pensaram encontrar a solução para o problema da mão-de-obra na imigração. A idéia de que havia no Brasil imensas áreas desocupadas que poderiam ser povoadas por imigrantes estrangeiros, que viriam a contribuir com sua indústria e sua cultura para o desenvolvimento nacional, não era nova. Desde a época de D. João VI, várias tentativas de colonização tinham sido feitas em diversos pontos do país, em sua maioria sem grande sucesso. Freqüentemente, os imigrantes eram localizados em regiões de difícil acesso, longe dos mercados consumidores ou em terras pobres nas proximidades dos centros urbanos. Cedo ou tarde, vencidos pelos obstáculos, os colonos acabavam por se dispersar e os núcleos de povoamento definhavam. Raros foram os núcleos criados nessa época que conseguiram sobreviver. Em sua maioria, localizavam-se no sul do país (Paraná, Santa Catarina ou Rio Grande do Sul).

Esse tipo de colonização de povoamento não interessava aos fazendeiros de café que se viam às voltas com o problema de encontrar um substituto para o escravo. Por isso, entusiasmaram-se com a proposta do senador Vergueiro, político e fazendeiro importante de São Paulo que se propôs a buscar trabalhadores na Europa.

Entre 1847 e 1857, vários imigrantes foram introduzidos pela empresa Vergueiro e Cia. nas fazendas de café do Centro-Oeste paulista. Vinham financiados pelos fazendeiros e se obrigavam a pagar a dívida e mais os juros com seu trabalho. Eram contratados na base de um sistema de parceria, comprometendo-se a realizar as tarefas necessárias ao cultivo, manutenção e colheita do café.

Conflitos entre colonos e fazendeiros

Não tardou muito para que os conflitos entre colonos e fazendeiros viessem à tona. Na fazenda de Vergueiro o conflito assumiu tais proporções que as autoridades consulares e os representantes do governo brasileiro foram forçados a intervir. Os colonos — em sua maioria suíços e alemães, que haviam emigrado cheios de sonhos, atraídos pelas promessas que os agentes de emigração lhes haviam feito — rebelaram-se contra a dura realidade que encontraram nas fazendas. Queixavam-se de que eram tratados como escravos, forçados a comprar mantimentos no armazém da fazenda onde tudo era mais caro, que não recebiam o que lhes era devido, que as contas eram fraudadas e que os fazendeiros lhes entregavam os cafezais em formação — os quais ainda não produziam ou cuja produção ainda era pequena —, reservando para seus escravos os cafezais mais produtivos. Os fazendeiros, por outro lado, acusavam os colonos de não respeitarem os termos do contrato, de serem preguiçosos e desordeiros — a ralé da Europa.

Os colonos, assim que pagavam as dívidas, abandonavam as fazendas. Algumas vezes nem esperavam tanto: fugiam das fazendas, sem que tivessem reembolsado o fazendeiro. O sistema de parceria não satisfazia nem aos proprietários, nem aos colonos. Todos se queixavam. A experiência falhara.

Poucos foram os fazendeiros que mantiveram o interesse na substituição do trabalhador escravo pelo imigrante. A maioria continuava convencida de que só o escravo era capaz de se ajustar às necessidades da lavoura do café. Desiludidos com a experiência, continuaram a comprar escravos pagando preços cada vez mais altos.

Tráfico interno

O tráfico inter e intraprovincial tomou o lugar do tráfico africano. Calcula-se que de 7 mil a 10 mil escravos entraram anualmente nas províncias do Centro-Sul, vindos de outras partes do país. Os escravos eram deslocados das cidades para as zonas rurais e das áreas de menor produtividade para as mais produtivas. Um número cada vez maior concentrava-se nas lavouras de exportação, enquanto o trabalho livre fazia progressos em outros setores, sobretudo nos núcleos urbanos. Na década de 1860, o número de trabalhadores livres já tendia a superar o dos escravos nos núcleos urbanos.

Os fazendeiros do Nordeste viam, com apreensão, o tráfico interprovincial. Atraídos pelos altos preços pagos pelos fazendeiros de café, os traficantes de escravos preferiam vendê-los no Sul. Essa demanda inflacionava os preços no Nordeste. Os fazendeiros dessa região tentaram em vão impedir que os escravos fossem vendidos para outras províncias. Muitas leis provinciais foram aprovadas, algumas já na década de 1850, taxando a saída de escravos. Mas eles continuaram a ser vendidos no Sul, onde a alta rentabilidade das lavouras cafeeiras permitia aos fazendeiros pagarem altos preços. Enquanto isso, os fazendeiros de açúcar e algodão do Nordeste, às voltas com a queda dos preços desses produtos no mercado internacional, tornavam-se cada vez menos capazes de competir pela mão-de-obra escrava.

O que complicava a situação era o fato de que, ao contrário do que sucedera nos Estados Unidos, depois da cessação do tráfico, a população escrava no Brasil não tendia a se multiplicar. A mortalidade dos escravos era alta e a natalidade não era suficiente para compensá-la. A demanda de braços crescia, o que não se verificava com a população escrava. O problema, portanto, só tendia a se agravar. Contudo, enquanto a população escrava parecia estagnar, a população livre crescia rapidamente. Na época da Independência, como vimos, a população escrava correspondia a cerca da metade da população do país. Em 1872 os escravos representavam 16% do total da população e, às vésperas da abolição, constituíam apenas 5% do total.

No início do século, a maioria da população escrava concentrava-se nas províncias açucareiras do Nordeste e nas regiões antigas de mineração. Às vésperas da abolição, a maioria da população escrava vivia nas províncias do Centro-Sul: Rio, Minas e São Paulo.

Concentração de escravos na grande lavoura

Na época da Independência, Espírito Santo, Rio de Janeiro, Minas Gerais, São Paulo e o Município Neutro (cidade do Rio de Janeiro) contavam com 446.589 escravos em um total de 1.163.146 escravos para todo o país. Em 1872, aquelas regiões contavam 881.477 escravos em um total de 1.548.632 escravos. Tinham, portanto, praticamente dobrado sua população escrava. Às vésperas da abolição em 1887, São Paulo, Minas e Rio de Janeiro — que sessenta anos antes detinham 34% da população cativa do país — registravam

66%. Enquanto províncias do Nordeste, que detinham 54% na época da Independência, registravam pouco mais de 23% às vésperas da abolição.

Isso significa que, nos sessenta anos que decorreram entre a década de 1820 e a de 1880, a escravaria tendera a se concentrar nas províncias do Centro-Sul do país. Destas, a que mais escravos recebera fora a província de São Paulo. Isso é fácil de compreender, quando se lembra que tanto Minas quanto o Rio de Janeiro tinham já na época da Independência grande número de escravos, remanescentes do período colonial. A população escrava em São Paulo era relativamente pequena e crescera de 21 mil, em 1823, para 169 mil, em 1872. Enquanto isso, a população escrava do Rio de Janeiro passara de 150 mil para 300 mil e a de Minas, de 215 mil para 330 mil. Esse crescimento se deveu, em parte, à expansão do café. Evidentemente, nem todos os escravos se dedicavam ao cultivo do café. Havia, durante todo o período, escravos envolvidos em uma grande variedade de ofícios, mas o setor mais dinâmico da economia e o mais dependente do braço escravo era, sem dúvida, o setor cafeeiro. Mesmo em Minas Gerais, onde a economia cafeeira não chegou a ter a importância que teve em São Paulo e onde a maioria da população continuava a viver da subsistência e do pequeno comércio, mais de 30% da população escrava concentrava-se, nos anos de 1870, nos municípios cafeeiros.

A contínua expansão das plantações de café, motivada pela demanda crescente no mercado internacional, fazia que o problema da mão-de-obra fosse particularmente agudo nessas áreas. No entanto, se a grande lavoura continuava a depender do escravo, nas cidades, o trabalhador livre substituía o escravo. Foi exatamente entre a população urbana, menos dependente do trabalho escravo, que os abolicionistas encontraram seu maior apoio.

CAPÍTULO 4

O ABOLICIONISMO. PRIMEIRA FASE: 1850-1871

Até meados do século XIX não se pode propriamente falar em movimento abolicionista. As críticas à escravidão continuavam a encontrar pouca sustentação e as propostas em favor da emancipação dos escravos despertavam pouco entusiasmo. Aqui e lá um espírito mais independente publicava um ensaio sobre as vantagens do trabalho livre. Um parlamentar apresentava um projeto visando a melhorar a situação dos escravos, um poeta lamentava os sofrimentos dos escravos. O ensaio era ignorado; o projeto, engavetado; e o poema, esquecido.

Em 1851, o deputado Silva Guimarães propunha na Câmara dos Deputados a liberdade dos nascituros e sugeria que se proibisse a separação dos cônjuges escravos. Outro deputado, Silveira da Mota, exerceria também pressão incessante no mesmo sentido. Ano após ano, entre 1857 e 1865, Silveira da Mota apresentou à Câmara projetos visando ao deslocamento da população escrava das cidades para o campo, proibindo a posse de escravos a estrangeiros, a conventos e ao Estado e à venda de escravos sob pregão ou em exposição pública e estabelecendo limites de idade para a separação de pais e filhos. Quando os projetos eram aprovados no Senado, ou se perdiam na Câmara, em estudos nas várias Comissões, ou eram sumariamente rejeitados. O projeto de Silveira da

Mota — que propunha a proibição da venda de escravos sob pregão, proibindo ainda leilões de escravos e a separação de marido e mulher e pais e filhos menores de quinze anos — levou nove anos para ser aprovado. Tudo isso indica que havia ainda grande indiferença pela sorte do escravo.

O escravo na literatura

Apesar da indiferença da Câmara e do Senado, o número de pessoas interessadas no problema do escravo crescia. A escravidão passou a ser tema literário. Já em 1846, Gonçalves Dias publicava *A escrava*. Dez anos mais tarde, José de Alencar compunha *O demônio familiar*, comédia de costumes revelando os hábitos das camadas superiores do Rio de Janeiro e denunciando os malefícios da escravidão. Pouco depois, escrevia *Mãe*, igualmente inspirado no drama do cativeiro. Manuel Joaquim de Macedo, o famoso autor de *A moreninha*, publicava em 1869 seu livro *Vítimas e algozes*, em que caracterizava, com cores sombrias, o drama da escravidão. Um grupo de escritores nordestinos — Juvenal Galeno, Trajano Galvão de Carvalho, Francisco Leite Bittencourt Sampaio, Joaquim Serra — incluía o negro e o escravo como personagens em suas obras. O negro melancólico, saudoso da pátria de origem, o negro torturado no eito, mucamas fiéis, quilombolas, a escrava virtuosa perseguida pelo senhor, o escravo justiceiro que vinga sua honra ultrajada, toda uma galeria de personagens desfila no cenário rural que serve de tema de inspiração àqueles escritores. Aqui e lá despontam críticas à escravidão. Entre todos os escritores desse período foi Castro Alves quem mais se identificou com a sorte do escravo. Nascido na Bahia em 1847, foi na curta vida um dos mais ardorosos porta-vozes dos escravos. Seu físico atraente, seu entusiasmo juvenil, sua retórica eloqüente empolgavam as audiências. Mas a voz silenciada, as lágrimas vertidas transportavam todos para a rotina diária da qual o escravo era um elemento inseparável. Às vezes, o entusiasmo era mais duradouro e sob o impacto das emoções desencadeadas uma associação emancipadora era organizada com o fito de coletar dinheiro para a alforria de escravos, outra era criada com o intuito de defendê-los nas Cortes de Justiça. Na maioria das vezes, no entanto, os esforços se esgotavam nessas obras de benemerência. Uns poucos escravos eram emancipados e a organização desaparecia. Jornais abolicionistas também apareciam e desapareciam com igual rapidez. Apenas nos meios acadêmicos, a campanha em favor da emancipação se mantinha acesa, mas seu impacto era pequeno fora dos meios estudantis.

A partir dos anos 1860, no entanto, o movimento ganharia ímpeto nos principais centros urbanos do país.

Reforma e abolição

As transformações pelas quais passara a sociedade brasileira desde a abolição do tráfico criavam tensões que repercutiam na arena política. A precária unanimidade das elites se rompia. No nível político, a conciliação se tornava cada vez mais difícil.

Várias indústrias tinham surgido na década de 1850 e os trilhos da primeira ferrovia brasileira eram construídos. As crises de 1857 e 1864 tinham gerado grande pânico e a especulação financeira alarmara os homens mais conservadores. A conciliação política, que se seguira à pacificação interna do país, depois de vencidos os praieiros em 1848, começou a ser ameaçada pelas divergências crescentes no interior dos partidos. Conservadores e liberais, unidos durante a década de 1850, eram desafiados pelas alas extremistas de ambos os partidos. As *cliques* partidárias mantinham a custo a sua hegemonia. A primeira cisão importante verificou-se no seio dos conservadores, quando um grupo liderado por políticos importantes — Saraiva, Nabuco de Araújo, Zacarias de Goes e Vasconcelos e o marquês de Paranaguá — rompeu com seu partido e se juntou aos liberais, criando a Liga Progressista. Justificando essa manobra política, Nabuco de Araújo argumentou que, em vez de lutar contra a corrente democrática, o homem de Estado devia guiá-la de forma que esta não comprometesse o futuro da nação. A partir daí a conciliação não era mais possível.

O espírito progressista e reformista parecia ter empolgado a muitos liberais que pretendiam levar seu partido a assumir posições mais radicais. Não tardaria para que no Partido Liberal surgisse uma ala favorável à emancipação dos escravos. A resistência, no entanto, era grande, tanto da parte de outros liberais como da maioria dos conservadores.

Em 1865, solicitado a levar ao Parlamento a discussão da questão servil, o marquês de Olinda, então ministro do Império e chefe do Gabinete, respondia que uma só palavra que deixasse perceber a idéia de emancipação, por mais adornada que fosse, abriria a porta a milhares de desgraças. Não tocar no assunto, evitar o debate de tão melindrosa questão, quando isso não fosse possível, deixar correr os projetos sem nada fazer para sua aprovação, essas eram estratégias usadas pela maioria dos parlamentares. Procuravam, assim, evitar que se aprovasse qualquer medida que viesse a pôr em risco a propriedade escrava. Os projetos que visavam à emancipação morriam ao nascer.

Em 1865, o imperador solicitou a um dos membros do Conselho de Estado, o senador Antonio Pimenta Bueno, mais tarde marquês de São Vicente, que elaborasse um projeto para a emancipação dos escravos. Pimenta Bueno, em resposta ao pedido do imperador, redigiu um projeto de lei emancipando os filhos nascidos de mães escravas. Sugeriu ainda a criação de Conselhos Provinciais de Emancipação, propôs que os escravos pertencentes ao governo fossem libertados em um prazo de cinco anos e os escravos pertencentes a organizações religiosas (mosteiros, conventos) fossem libertados em um prazo de sete anos. O projeto, no entanto, encontrou pouco apoio no Conselho de Estado. O imperador, por sua vez, hesitava em apresentar o projeto. Nesse momento, a Guerra do Paraguai atraía todas as atenções e ninguém parecia disposto a assumir o risco de debater o tema da emancipação dos escravos.

Pressão internacional

A pressão abolicionista, no entanto, aumentara. Vinha tanto de dentro quanto de fora do país. Em 1866, a Junta

Francesa de Emancipação enviava ao imperador um apelo em prol da emancipação. Assinavam-no os nomes mais expressivos do abolicionismo francês. Mais importante do que a carta dos abolicionistas franceses foi o impacto da Guerra de Secessão nos Estados Unidos. Terminada a guerra, que pusera um fim à escravidão no sul daquele país (1865), o Brasil e as colônias espanholas (Porto Rico e Cuba) eram as únicas nações a ainda manter uma instituição universalmente condenada. A maioria da população culta do país não podia deixar de reconhecer essa realidade incômoda. A escravidão era uma instituição ultrapassada, arcaica, símbolo do atraso do país. Todas as nações civilizadas tinham-na condenado.

O número das associações abolicionistas crescia nos núcleos urbanos. Agora já não eram só os estudantes e os poetas que agitavam a questão. Não eram apenas os pasquins que pregavam a emancipação. Jornalistas ilustres, advogados, médicos e engenheiros, homens e mulheres juntavam-se a eles. A grande imprensa começava a discutir a questão. A opinião pública era solicitada a se manifestar. E o que era ainda mais importante: alguns políticos discutiam o assunto no Parlamento. A 6 de novembro de 1866, o governo assinava um decreto concedendo liberdade aos escravos da nação designados para "o serviço do Exército". Essa medida, se bem que de pequeno alcance, pois se aplicava apenas a um pequeno número de escravos, teria grande repercussão na opinião pública.

Na abertura da Assembléia Geral Legislativa em 22 de maio de 1867, o imperador introduziu a questão da emancipação na *Fala do Trono*. "O elemento servil do Império não pode deixar de merecer oportunamente a vossa consideração", disse o imperador; "provendo-se de modo que, respeitada a propriedade atual e sem abalo profundo em nossa primeira indústria — a Agricultura —, sejam atendidos os altos interesses que se ligam à emancipação". O assunto foi, como se vê, fraseado cautelosamente, de molde a não despertar oposição. O imperador apenas chamava a atenção dos parlamentares para a necessidade de oportunamente, isto é, quando lhes parecesse conveniente, considerar a questão. Ao mesmo tempo, deixava claro que era de seu intento evitar qualquer abalo da agricultura e respeitar os direitos dos proprietários.

"Congresso Internacional"
"— Queira perdoar-me, mas... com aquelle negrinho não pode entrar.
— Mas é que não posso separar-me delle: é quem me veste, quem me dá de comer, quem... quem me serve em tudo afinal!
É que... Enfim, em attenção às illustres qualidades pessoaes de tão sábio soberano, creio que as nações civilisadas não duvidarão em admiti-lo." *Revista Ilustrada*, ano 8, n.347, 30 de junho de 1883, p.8.

A resposta da Câmara à fala do imperador veio nos mesmos termos: "A Câmara dos Deputados associa-se à idéia de oportuna e prudentemente considerar a questão servil no Império, como requerem a nossa civilização e verdadeiros interesses, respeitando-se todavia a propriedade atual, e sem abalo profundo na agricultura do país". Essa resposta lacônica, como era de praxe, não foi acompanhada de nenhuma medida mais concreta. Em julho de 1867, o então presidente do Conselho de Ministros, Zacarias de Goes, figura eminente no Partido Liberal, cedendo a pressões de alguns de seus correlegionários, submeteu ao Conselho de Estado um projeto modificando em parte a proposta anteriormente apresentada por Pimenta Bueno. O projeto de Zacarias de Goes incluía uma proposta para a completa abolição da escravatura no último dia do século, isto é, mais de trinta anos a partir da data da apresentação do projeto.

Apesar da moderação do projeto, desencadeou grande oposição no Conselho de Estado. A maioria dos conselheiros, identificados com os interesses da lavoura, respondeu negativamente à proposta, prevendo que acarretaria a ruína da economia e originaria conflitos sociais de proporções incalculáveis. No Parlamento, liberais e conservadores, esquecidos momentaneamente de suas rivalidades políticas, uniram-se para se opor à discussão do problema. Em ambos os partidos, no entanto, havia quem fosse favorável à discussão. Estes foram temporariamente derrotados e os representantes dos interesses escravistas levaram a melhor. A questão foi adiada a pretexto de que, dada a guerra em que o país se achava envolvido, não era oportuno discutir a emancipação dos escravos.

Em 1868, o imperador voltou a insistir na questão na *Fala do Trono*, prometendo, desta vez, apresentar à Câmara uma proposta do Executivo. O Ministério liberal de Zacarias de Goes, no entanto, enfrentando grande oposição em seu próprio partido, não conseguiu se manter no poder. A queda do Ministério Zacarias desencadeou uma crise política de grandes proporções. O imperador chamou para substituí-lo um velho político conservador. Isso foi suficiente para provocar violenta oposição por parte dos liberais que se viam, assim, subitamente afastados do poder. Dissolvida a Câmara em que os liberais tinham a maioria e convocadas novas eleições, os liberais foram derrotados. O resultado era de esperar. Sabia-se havia muito que o governo sempre conseguia ganhar as eleições mediante fraude eleitoral e violência. O resultado das eleições, portanto, não foi surpresa para ninguém. Mas os liberais, irritados, desencadearam uma intensa campanha de ataques ao governo e ao Ministério Conservador, propondo grande número de reformas que havia muito vinham sendo sugeridas, mas que até o momento não tinham encontrado acolhida na Câmara.

Em maio de 1869, os liberais lançavam um manifesto redigido por Nabuco de Araújo e outras figuras preeminentes no Partido Liberal. O manifesto propunha descentralização, autonomia do Judiciário, criação de um sistema de educação independente do Estado, transformação do Conselho de Estado em órgão exclusivamente administrativo, abolição da vitalicidade do Senado, eleições diretas, criação de registro civil, secularização dos cemitérios, liberdade religiosa, extensão do direito de voto aos não-católicos e gradual emancipação dos escravos. O manifesto terminava com uma ameaça: "Ou a Reforma ou a Revolução", seguida por uma observação conciliadora: "Reforma e o País estará salvo".

Apesar do tom ousado, o manifesto não chegou a satisfazer a ala mais radical do Partido Liberal. Alguns meses após, esta ala lançou seu próprio manifesto, exigindo a abolição do Poder Moderador, da Guarda Nacional, do Conselho de Estado e da escravidão. Não se falava mais em emancipação gradual, mas em abolição.

A crise política desencadeou grande mobilização pública. Por toda parte, criaram-se jornais e clubes radicais. O programa de reformas atraía os descontentes e os que, por uma razão ou outra, opunham-se ao governo. Os liberais organizaram grande propaganda em favor das reformas, entre elas a emancipação dos escravos. Os debates em torno da abolição ganharam ímpeto e o movimento abolicionista, um novo vigor.

Projetos de lei em favor da emancipação

Na Câmara, os deputados liberais tomaram a ofensiva. Vários projetos foram apresentados entre maio e julho de 1869, visando à melhoria das condições de vida dos escravos e à sua emancipação. Abolição dos castigos físicos, emancipação dos filhos de mãe escrava, concessão aos escravos do direito de comprar sua alforria, emancipação dos escravos pertencentes ao governo, proibição do trabalho de escravos nas cidades — estes e outros projetos foram sucessivamente apresentados. Poucos chegaram a ser examinados e discutidos. Em agosto, aprovou-se um projeto, originário do Senado, proibindo a separação de casais e de pais e filhos menores de quinze anos. Proibiu-se, também, os leilões públicos de escravos, salvo algumas exceções, e estabeleceu-se o direito de o escravo comprar sua alforria em caso de morte do seu senhor, mas apenas quando não houvesse oposição por parte de eventuais herdeiros ou credores. A questão da emancipação, no entanto, continuava a ser evitada, apesar da pressão que os liberais exerciam sobre o Ministério.

A Guerra do Paraguai terminara e não havia mais razões para adiar o debate. Minado por dissensões internas, o Ministério não tardou a cair. Um novo Ministério Conservador foi formado. Desta vez, o imperador chamou para organizá-lo Pimenta Bueno, que havia sido responsável pelo projeto de emancipação apresentado ao imperador, alguns anos antes. Pimenta Bueno também não teve condições para se manter no poder e poucos meses depois renunciava. A 7 de março de 1871, um novo Ministério, liderado pelo visconde do Rio Branco, prestigiado político conservador, apresentou-se à Câmara, anunciando sua intenção de encaminhar a discussão do projeto de emancipação dos filhos nascidos de mãe escrava. Os meses que se sucederam até a aprovação final da lei, em 28 de setembro, foram meses de grande agitação. Os debates, no Parlamento, pela imprensa e a mobilização popular que acarretaram contribuíram mais para o avanço do abolicionismo que todos os esforços anteriormente desenvolvidos pelos poucos idealistas que haviam batalhado em seu favor.

O escravo na Guerra do Paraguai

Durante a Guerra do Paraguai, o problema da emancipação dos escravos se colocara mais claramente do que até aquela data. O governo concedera, como vimos, liberdade aos escravos da nação, designados para o serviço do Exército, estendendo esses benefícios às suas mulheres. Ao mesmo tempo, muitos senhores que ambicionavam comendas e títulos enviaram escravos para o *front*. Outros procuraram evadir-se do serviço militar enviando escravos em seu lugar.

> Tendo um filho que não é guarda nacional e devido às circunstâncias em que nos achamos com a guerra contra o Paraguai e

> querendo concorrer com meu contingente para o triunfo do meu País, resolvi oferecer para sentar praça no Exército, em substituição ao meu filho, o meu escravo Marcolino de Camargo, ao qual concedo liberdade para esse fim. (Campinas, janeiro de 1867)

Documentos desse teor são encontrados freqüentemente. Durante a guerra, muitos escravos foram emancipados por seus senhores. Houve também muito escravo fugido que se alistou. Terminada a Guerra, foram considerados livres. Um movimento de apoio e simpatia cercou os escravos que haviam combatido em defesa da nação. Os senhores que tentaram recapturar seus escravos, quando voltaram dos campos de batalha, viram-se às voltas com as autoridades que procuravam garantir a liberdade dos escravos e com a opinião pública que condenava a atitude dos senhores.

Um aviso do Ministério da Justiça, datado de 9 de fevereiro de 1870, declarava que um indivíduo que se achava há mais de três anos no gozo de sua liberdade, e como livre servira na Armada, não só não deveria ser entregue à sua senhora que o reclamava como escravo, como deveria ser imediatamente posto em liberdade. Nesse mesmo ano, o chefe de polícia de São Paulo expedia uma circular nos seguintes termos:

> Não devendo voltar à escravidão os indivíduos de condição servil que fizeram parte de nosso Exército na Guerra do Paraguai, embora se alistassem ocultando sua verdadeira condição. É dever providenciar no sentido de serem restituídos à liberdade, pondo a salvo de seus supostos senhores o direito de reclamar do Governo imperial a indenização com a prova de domínio, a fim de que não se repita o fato de Paraíba do Sul, de ser um voluntário da Pátria, violentamente preso e conduzido para o poder de um particular que se dizia seu senhor e que só fora afinal posto em liberdade pela intervenção da autoridade.

Por toda parte avisos e circulares desse tipo se repetiam. Apesar da variedade de casos tratados, o tom era sempre o mesmo: um voluntário da pátria não pode ser escravo. Em 15 de junho de 1870, o barão de Muritiba fez saber ao chefe de polícia que o fato de um negro ter sido praça constituía uma presunção de liberdade; por isso, aquele não podia ser preso como escravo, sem que houvesse autorização de juízo competente.

A participação de escravos na guerra forneceu novos temas aos que lutavam pela sua emancipação. A campanha em favor da libertação dos escravos recrudesceu. Grêmios, clubes, jornais, associações abolicionistas ou emancipadoras foram organizadas nas principais cidades do país. As lojas maçônicas passaram, por sua vez, a dar apoio a essas iniciativas. Em São Paulo, um famoso negro descendente de escravos, Luiz Gama, organizava uma campanha jurídica em favor da emancipação do escravo. Apoiando-se na lei de 1831, passou a exigir a libertação de grande número de escravos a quem defendeu nas cortes de Justiça, alegando que tinham entrado no país depois daquela data e, portanto, não podiam ser mantidos no cativeiro. A campanha organizada por Luiz Gama constituía uma ameaça aos proprietários, pois um grande número de escravos nessa época tinha, de fato, entrado no país depois de 1831 e seu cativeiro era de fato ilegal.

A década de 1870 inaugurava-se, portanto, em um clima de apreensão por parte dos proprietários de escravos e renovado entusiasmo dos que lutavam pela emancipação dos escravos. A crise política desencadeada pela queda do Ministério Liberal, em 1868, agira como elemento catalítico. Os debates travados na Câmara e pela imprensa em torno da Lei do Ventre Livre fizeram da emancipação dos escravos uma questão nacional.

CAPÍTULO 5

O ABOLICIONISMO. SEGUNDA FASE: A LEI DO VENTRE LIVRE

O projeto do governo foi apresentado à Câmara em 12 de maio de 1871. Tanto do lado dos liberais quanto do lado dos conservadores havia deputados a favor e contra o projeto. Os debates prolongaram-se por vários meses. Ouviram-se discursos inflamados de parte a parte e várias vezes a mesa foi obrigada a chamar à ordem os deputados que se excediam em ataques pessoais ou as galerias que se manifestavam ruidosamente, aplaudindo os que argumentavam em favor do projeto. A imprensa deu cobertura aos debates, que eram acompanhados com grande interesse pela população. Nos centros urbanos, os abolicionistas organizaram conferências e distribuíram panfletos em favor do projeto. Os escravistas, por seu lado, também não descansaram. Petições provenientes de vários pontos do país choveram no Parlamento, condenando o projeto. Grande número de livros e artigos foi publicado contra e a favor.

Emancipadores e escravistas

Para alguns, o projeto era avançado demais, para outros, excessivamente tímido. Os defensores do projeto usaram argumentos morais e econômicos. Argumentavam que o trabalho livre era mais produtivo que o escravo. Diziam que a existência da escravidão era uma barreira à imigração, pois que os imigrantes recusavam-se a vir para um país de escravos. A emancipação abriria as portas à tão desejada imigração. Usando de argumentos morais, denunciavam os que, em nome do direito de propriedade, defendiam a escravidão e se opunham à aprovação do projeto. Não era legítimo invocar o direito de propriedade em se tratando de escravos. O direito de propriedade aplicava-se apenas a coisas, não a homens. "Propriedade de escravos" — dizia Torres Homem, político famoso, homem de cor e de origens modestas que chegara ao Senado depois de brilhante carreira — "era uma monstruosa violação do direito natural." "A maioria dos escravos brasileiros" — afirmava ele — "descendia de escravos introduzidos no país por um tráfico não só desumano como criminoso. Nada pois mais justo que se tomassem medidas para acabar com a escravidão."

Em contrapartida, os mais arraigados defensores da escravidão consideravam o projeto uma intromissão indébita do governo na atividade privada. Argumentavam que o projeto ameaçava o direito de propriedade garantido pela Constituição.

Segundo a prática, que datava do período colonial, o filho de mãe escrava pertencia ao senhor. Qualquer lei que viesse a conceder liberdade ao filho de escrava era, pois, um atentado à propriedade e, o que era pior, abria a porta a todas as formas de abusos contra esse direito. Acusavam o projeto de ameaçar de ruína os proprietários e de pôr em risco a economia nacional e a ordem pública. Previam que o projeto acarretaria grandes agitações entre os escravos, pois abalava o princípio de autoridade sobre o qual se assentava a escravidão. Não faltaram aqueles que no calor dos debates considerassem o projeto de inspiração comunista. Diziam ainda que, emancipando os filhos e mantendo os pais no cativeiro, criar-se-iam nas senzalas duas classes de indivíduos, minando, dessa forma, a instituição escravista pois não tardaria muito para que os escravos questionassem a legitimidade de sua situação.

O romancista José de Alencar, um dos mais combativos membros da oposição, chegou a dizer que a lei transformaria a família escrava em um antro de discórdia, extirpando do escravo o amor materno, gerando discórdias entre pais e filhos, contaminando as novas gerações criadas nos vícios da escravidão. Entre aplausos concluía: "Senhores, não defendo aqui unicamente os interesses da classe proprietária, defendo sobretudo essa raça infeliz que se quer sacrificar". Alencar, que se opunha nesses termos ao projeto não estava, no entanto, disposto a propor a emancipação dos escravos pois, em sua opinião, eles precisavam primeiro ser preparados para a liberdade. Entre os opositores do projeto não faltaram aqueles que afirmassem que a situação do escravo era preferível à do trabalhador livre. Aos escravos, diziam eles, não faltavam alimento e vestuário. Já os trabalhadores livres eram abandonados à sua própria sorte.

Toda essa argumentação representava o pensamento das camadas senhoriais comprometidas com a ordem escravista. Para elas, qualquer referência à emancipação soava como uma ameaça. Por isso, a batalha no Parlamento foi árdua. Os deputados que se opunham ao projeto procuraram impedir sua tramitação, não comparecendo às sessões, na esperança de que não houvesse *quorum* para sua aprovação. Apesar dessa tentativa de bloqueio, o projeto foi sendo discutido e aprovado. Havia na Câmara um número suficiente de deputados que o apoiavam, tanto entre os conservadores quanto entre os liberais. Entre estes, destacava-se um pequeno grupo de radicais para quem o projeto parecia demasiado conservador. Gostariam de ver adotada uma medida mais drástica que marcasse prazo para a emancipação definitiva e completa de todos os escravos. Esse grupo constituía uma minoria, mas sua presença contribuía para que a solução proposta por Rio Branco se tornasse mais aceitável aos olhos dos escravistas: antes esta do que a emancipação total! O projeto talvez pusesse um paradeiro à agitação abolicionista. Essa era, de fato, a idéia do próprio ministro Rio Branco: reformar para evitar maior radicalização.

O projeto Rio Branco

Rio Branco defendia seu projeto, argumentando que oferecia a mais razoável e moderada de todas as soluções. Visava a restabelecer a tranqüilidade pública e a prosperidade ameaçadas, e, sobretudo, a restaurar a confiança dos proprietários que não podiam continuar na incerteza em que viviam, aterrorizados pelo espectro da abolição. A resistência à mudança, argumentava ele, teria o efeito de instigar o descontentamento público, a tal ponto que uma medida conciliatória e moderada já não seria mais aceitável. O projeto oferecia grandes vantagens aos proprietários: condenava a escravidão a desaparecer a longo prazo, sem abalo para a economia, dando aos proprietários bastante tempo para se acomodarem sem dificuldades à nova situação. E o que era ainda mais importante: respeitava o direito de propriedade.

Apesar do tom alarmado dos que se manifestaram na Câmara contra o projeto, este de fato, como dizia o ministro, representava uma medida protelatória e moderada, que visava a conciliar o interesse dos proprietários com a pressão abolicionista. Em seu artigo primeiro dizia: "Os filhos de mulher escrava que nascerem no Império desde a data desta lei serão considerados de condição livre". Estes, no entanto, ficariam em poder dos senhores, os quais ficavam obrigados a mantê-los até a idade de oito anos. Chegando a criança a essa idade, o proprietário poderia optar ou por entregar a criança ao Estado, recebendo indenização equivalente a 600$000, ou por mantê-la até a idade de 21 anos. Neste caso, o ingênuo (assim se chamava o liberto) ficava obrigado a prestar serviços gratuitos em retribuição por seu sustento até a idade de 21 anos. Isso na prática significava que as crianças nascidas de mãe escrava de fato permaneciam escravizadas até os 21 anos. Tal disposição possibilitava a perpetuação do regime servil, pelo menos por mais duas ou três gerações.

Rui Barbosa, ardente abolicionista, calcularia, anos mais tarde, que, se nenhuma outra lei emancipadora fosse aprovada, ainda haveria escravos no Brasil na terceira década do século XX. De fato, se uma criança, nascida às vésperas da passagem da lei, tivesse um filho quarenta anos mais tarde (isto é, em 1911), este estaria obrigado a prestar serviços até 1932.

O projeto incluía outros dispositivos e parágrafos, de menor importância. Talvez o mais significativo fosse a criação de um Fundo de Emancipação destinado à emancipação de um certo número de escravos por ano em cada província. Os recursos para a constituição desse fundo seriam arrecadados mediante uma taxa sobre os escravos, impostos gerais sobre transmissão de propriedade escrava, loterias, multas impostas em virtude da lei, cotas eventualmente criadas no orçamento geral, provincial e municipal, legados e doações.

O projeto também concedia ao escravo o direito de formar um pecúlio próprio com o que lhe proviesse de heranças, legados ou ações, ou com o que obtivesse de seu trabalho, desde que contasse com o consentimento do senhor. Por morte do escravo, metade desse pecúlio pertenceria ao cônjuge sobrevivente e a outra metade, a seus herdeiros. Na falta de herdeiros, este reverteria ao Fundo de Emancipação. O escravo, cujo pecúlio fosse suficiente para indenizar seu valor, teria direito a comprar sua liberdade.

Eram ainda declarados livres os escravos pertencentes ao governo, os dados em usufruto à Coroa, aqueles cujos donos morressem sem herdeiros e os abandonados por seus senhores. Observava-se, no entanto, que cabia aos senhores a responsabilidade de alimentar seus escravos inválidos.

Para a execução da lei, mandava o governo que se procedesse ao registro geral dos escravos (matrículas), prevendo possíveis fraudes, estipulava que os escravos que, por culpa ou omissão por parte dos senhores, não fossem registrados, seriam considerados livres e os senhores seriam multados de 100 a 200 mil-réis por pessoa omitida. Os párocos ficaram obrigados a ter livros especiais para o registro dos nascimentos e óbitos dos filhos de escravos nascidos a partir da data da lei.

Depois de meses de debates e manobras políticas de parte a parte, e apesar dos protestos dos representantes dos interesses escravistas, o projeto foi finalmente aprovado sob os aplausos do povo apinhado nas galerias da Câmara. Votaram a favor 65 deputados; 45 votaram contra. A principal oposição veio das bancadas de Minas Gerais, São Paulo, Rio de Janeiro, Espírito Santo e Rio Grande do Sul. Unidas, contavam com 48 deputados, 34 dos quais votaram contra, ou seja, dos representantes dessas regiões, apenas catorze apoiaram o projeto. Já os representantes das províncias do Norte e Nordeste votaram maciçamente a favor. Dos 54 deputados representantes das províncias ao norte da Bahia apenas nove votaram contra, tendo 45 votado a favor. Pode-se, portanto, concluir que o projeto foi aprovado à revelia da maioria dos representantes do Centro-Sul do país, onde se encontravam as maiores concentrações de escravos.

Os escravos que representavam apenas 15,8% da população total do país correspondiam a 20% da população da província de São Paulo; 39,7% da população do Rio de Janeiro; 15,9% da população de Minas Gerais; e 21% da do Rio Grande do Sul. Essas províncias reunidas somavam 955.109 escravos, em um total de 1.540.000 para todo o país. Em outras palavras, 62% da população escrava de todo o país concentrava-se nessas províncias. Os grandes proprietários de terra continuavam a depender, quase exclusivamente, da mão-de-obra cativa e seus porta-vozes no Parlamento constituíram o principal grupo de oposição ao projeto. É curioso notar, contudo, que mesmo em uma província como São Paulo, onde os interesses dos cafeicultores eram soberanos, o número de votos contra e a favor foi idêntico e em todas as demais províncias do Centro-Sul do país (com exceção do Município Neutro e da província do Espírito Santo, onde não se registraram votos a favor) houve divisão de votos. Uns votaram contra, outros, a favor. Isso significa que, mesmo nessas províncias, já havia um ponderável setor da população favorável à emancipação gradual da escravatura.

Partidos políticos e a Lei do Ventre Livre

É de notar também que, em sua maioria, os deputados votaram independentemente de sua filiação partidária. Houve conservadores que votaram contra o projeto — apesar de este ter sido apresentado por um Ministério conservador — e houve liberais que votaram a favor, apesar de estarem na oposição. Só excepcionalmente alguns liberais favoráveis à emancipação votaram contra o projeto por questões partidárias. Esse foi o caso de Zacarias de Goes, que, embora fosse a favor da emancipação, se opôs ao projeto porque julgava que devia ter sido encaminhado pelos liberais e não pelos conservadores. Mas, de maneira geral, pode-se dizer que a questão da emancipação dos escravos pairava acima da fidelidade partidária. Tanto é assim que a minoria conservadora que se opunha ao projeto chegou até a ameaçar romper com o partido e formar um novo, enquanto um grande número de liberais ligou seu voto à causa da emancipação, fazendo questão de desvinculá-lo do Partido Conservador.

No Senado, o projeto encontrou menor oposição. Isso se explica, em parte, pelo fato de os senadores serem vitalícios e pairarem, até certo ponto, acima das paixões políticas do momento, pois dependiam menos de seus eleitores. Trinta votaram a favor do projeto e sete, contra. Destes, cinco representavam as províncias de Minas Gerais (três), Espírito Santo (um) e São Paulo (um). Também no Senado a pressão sobre os deputados e os senadores que votaram contra o projeto veio sobretudo das áreas cafeeiras e das charqueadas do Rio Grande do Sul.

Fraudes

O projeto foi finalmente convertido em lei a 28 de setembro de 1871. Esta passou a ser conhecida na história sob o rótulo de Lei do Ventre Livre. Toda a agitação em torno de sua aprovação produzira grande mobilização popular. Em curto tempo, o debate sobre a emancipação dos escravos passara das salas de conferência e dos ambientes fechados das associações abolicionistas e instituições "acadêmicas" para as praças públicas. Para muitos jovens, que iniciavam sua carreira política e literária nesse período, a discussão em torno da Lei do Ventre Livre foi um batismo de fogo. Eles se identificaram com a causa da emancipação e das reformas e nos anos que se seguiram continuaram a lutar por elas. A Lei do Ventre Livre não poria fim ao debate sobre a abolição. Seria apenas um primeiro passo em sua direção.

Apesar de toda agitação em torno do projeto, este foi de limitadas conseqüências, a curto prazo. A maioria dos proprietários preferiu manter os filhos de escravos em vez de entregá-los ao Estado. Em 1882, o Relatório do Ministério da Agricultura registrava apenas 58 renúncias ao serviço de ingênuos. Os menores tinham sido entregues ao Estado e confiados a particulares. A maioria das demais crianças nascidas nesse período havia permanecido nas fazendas sob a tutela de seus senhores.

Na matrícula de escravos e no Fundo de Emancipação ocorreram várias irregularidades. Os proprietários custaram a registrar seus escravos. Um decreto de 1872 ampliava o prazo da matrícula dos recém-nascidos. Quando a matrícula foi feita, verificou-se que havia lacunas importantes. A lei era burlada também de outras maneiras. Os escravos que possuíam pecúlio não conseguiam fazer valer seus direitos à alforria. Isso ocasionava queixas e dava margem a processos. Fazendeiros deturpavam atestados de batismo para manter no cativeiro crianças nascidas depois da lei. As Juntas de Emancipação custaram a se reunir e trabalhavam irregularmente, o que retardava seu funcionamento. Em 1875, o presidente da província de São Paulo, consciente das dificuldades, mandava publicar um aviso do Ministério da Agricultura solicitando às Juntas que trabalhassem regularmente, a fim de que o governo pudesse promover a libertação dos escravos pelo Fundo de Emancipação, de acordo com os desígnios da lei.

Os problemas, porém, não paravam aí. Quando as Juntas funcionavam, eram com freqüência alvo de pressão dos proprietários que procuravam burlar a lei de uma forma ou de outra. Senhores havia que procuravam emancipar escravos doentes ou incapacitados, em lugar de outros mais qualificados de acordo com os requisitos da lei. Esperavam, dessa forma, conseguir indenização por escravos que já se tinham tornado imprestáveis. Para evadir-se da lei, proprietários de escravos também se apressaram em alforriar, com cláusula de prestação de serviços, escravos que se achavam em condições de serem incluídos preferencialmente nas listas de escravos a serem emancipados pelo Fundo de Emancipação. Por outro lado, os recursos do Fundo eram reduzidos e poucos escravos realmente se beneficiaram dele.

Entre 1873 e 1883 foram alforriados no país mais de 70 mil escravos, dos quais apenas pouco mais de 12 mil pelo Fundo de Emancipação.

Pior ainda, ingênuos continuaram a viver como escravos, a ser vendidos com suas mães, a ser castigados como qualquer outro escravo, perfazendo as mesmas tarefas a que teriam sido obrigados se não tivessem sido libertos pela lei de 1871. Para eles, a liberdade continuava uma promessa a ser cumprida em um futuro distante.

Os abolicionistas não tardaram em denunciar a ineficácia da lei e a revelar as burlas e as fraudes que prejudicavam sua execução. Passaram, a partir daí, a pleitear medidas mais drásticas que viessem a pôr um paradeiro definitivo à escravidão. Os escravistas, por sua vez, apegaram-se à lei a que tanto se tinham oposto. Para eles, a Lei do Ventre Livre encerrara a questão. A emancipação dos escravos seria conseqüência inevitável da lei, mesmo que para isso os escravos tivessem de esperar por mais de meio século. Na opinião deles, nada mais havia a fazer do que esperar os efeitos da lei. Acreditavam, assim, ter posto um ponto final na agitação abolicionista. Logo, no entanto, verificariam que se tinham enganado. Os abolicionistas voltariam à carga e, desta vez, com mais vigor.

CAPÍTULO 6

DO CARRO DE BOI À FERROVIA

Cinqüenta anos tinham-se passado desde que José Bonifácio fizera suas críticas à escravidão. Durante esse período, a emancipação dos filhos de mães escravas fora várias vezes proposta na Câmara, sem que jamais tivesse encontrado algum apoio. Os defensores dessa idéia, que em 1822 teria parecido visionária, tinham enfrentado a resistência dos setores mais reacionários da lavoura, os quais se opunham a qualquer legislação que viesse a minar as bases de uma instituição da qual dependiam. Ainda em 1871, seus porta-vozes no Parlamento votaram contra a lei. Nessa época, contudo, já havia outros setores mais inclinados a aceitar a abolição gradual da escravatura.

A lei de 1871 representou um compromisso entre os setores mais reacionários de proprietários de escravos e os abolicionistas. Foi uma concessão daqueles aos abolicionistas que nos anos 1860 tinham-se multiplicado e cuja influência tinha crescido. A lei tinha ainda outra dimensão: ela era a resposta do Partido Conservador às exigências dos liberais. Tomando a iniciativa das reformas, os conservadores procuravam neutralizar a plataforma reformista dos liberais.

O que não foi possível em 1871 foi a abolição total da escravatura — que os liberais mais radicais desejavam. O Parlamento recusou-se a aprovar qualquer medida nesse sentido, até mesmo um projeto que fixava, em um futuro longínquo, a data dessa emancipação! No entanto, se a idéia da abolição era inaceitável em 1871, dezessete anos depois, a escravidão seria abolida sem dificuldades. A questão que se coloca, portanto, é o que sucedeu entre 1871 e 1888 que tornou possível essa mudança?

A resposta a essa pergunta não é simples. Vários fatores contribuíram para essa mudança. Alguns têm a ver com as transformações econômicas e demográficas que ocorreram no país durante aquele período. Outros têm a ver com as transformações sociais e o processo político. Outros, ainda, com a campanha organizada pelos abolicionistas. Finalmente, nos anos que antecederam a aprovação da Lei Áurea, o fator decisivo foi a insurreição dos escravos e a conseqüente desorganização da economia, o que levou os próprios fazendeiros, que até então se tinham oposto à emancipação dos escravos, a verem a abolição como uma medida necessária ao restabelecimento da ordem.

Neste capítulo queremos examinar apenas as transformações econômicas, sociais e demográficas que contribuíram para essa mudança de atitudes relacionadas à escravidão. Os demais aspectos serão tratados nos capítulos que se seguem.

Declínio da população escrava

Entre 1822 e 1888 o país transformou-se sob muitos aspectos. A população livre passou de aproximadamente 2 milhões, em 1822, para 8,5 milhões, em 1872, e para quase 14 milhões, em 1888. A população escrava, por sua vez, foi de pouco mais de 1 milhão, em 1822; para cerca de 1,5 milhão, em 1872, caindo a pouco mais de 700 mil, em 1887. Isso significa que diminuiu não só em termos absolutos como relativos. Simultaneamente o número de escravos nos núcleos urbanos declinou ainda mais rapidamente, tendendo a se concentrar nas zonas rurais, sobretudo nas áreas ligadas à economia de exportação. Na cidade do Rio de Janeiro, por exemplo, enquanto a população livre praticamente dobrava, o número de escravos caía de 100 mil, em 1864, para pouco mais de 7 mil, em 1887. Em São Paulo, verificava-se a mesma tendência: em 1872, havia ainda 4 mil escravos; em 1886, registravam-se apenas cerca de seiscentos.

A diminuição da população escrava nos núcleos urbanos devia-se a vários setores. A alta dos preços de escravos e a demanda nas zonas rurais levaram muitos proprietários de escravos, que viviam nas cidades, a venderem seus escravos para as zonas rurais. Também nas cidades, em virtude das numerosas atividades nas quais o escravo se envolvia, era-lhe mais fácil acumular o pecúlio necessário para a compra de sua liberdade. Era também nas cidades que o movimento abolicionista se organizava. As associações abolicionistas promoviam quermesses, leilões de prendas e outras atividades similares, arrecadando fundos para a emancipação. Tudo isso contribuía para aumentar o número de alforrias. É provável, também, que nas cidades a mortalidade dos escravos fosse mais alta. Mas qualquer que tenham sido as razões, o fato é que, com a diminuição da população escrava nos núcleos urbanos, aumentavam as oportunidades para os trabalhadores livres. Dessa forma, a população das cidades se tornava menos dependente do trabalho escravo e mais disposta a dar ouvidos à propaganda abolicionista.

A transição do trabalho servil para o trabalho livre também se observava nas zonas rurais, principalmente no Nordeste. Já em 1866, o Relatório do ministro da Agricultura registrava que no Ceará a substituição do escravo pelo trabalhador livre estava muito avançada. Em 1870, Diogo Cavalcanti de Albuquerque, presidente da província de Pernambuco assinalava que em alguns distritos de Pernambuco o número de trabalhadores livres era maior do que o de escravos. Até mesmo nas áreas de economia açucareira crescia o número de trabalhadores livres. Em meados do século havia três escravos para cada trabalhador livre. Em 1872, os trabalhadores livres eram mais numerosos do que os escravos sendo que em alguns setores havia quinze trabalhadores livres para cada escravo. Em grande número de províncias, a população escrava representava apenas uma pequena parcela da população. No Ceará, por exemplo, esta constituía cerca de 4,5%; no Rio Grande do Norte, 5,1%; na Paraíba, 6,8%; no Amazonas, 1,7%; e em Goiás, 5%.

Mecanização

Ao mesmo tempo que a população escrava diminuía em relação à livre, vários aperfeiçoamentos eram introduzidos no sistema de produção. Tanto nas fazendas de café mais prósperas quanto nos engenhos de açúcar do Nordeste, as inovações introduzidas aumentaram a produtividade do trabalhador, melhorando a qualidade do produto e alterando o ritmo de produção.

Em 1857, 66% dos engenhos de Pernambuco eram ainda movidos a tração animal; 31%, a água; e 2%, apenas, a vapor. Depois de 1870, o número de engenhos movidos a vapor aumentou rapidamente, atingindo 21,3% em 1881. Na década de 1880 multiplicaram-se os engenhos centrais, cuja capacidade de produção seria muito superior à dos engenhos tradicionais. Era o começo da formação das grandes usinas que viriam, com o tempo, eliminar os antigos engenhos. Essas mudanças no sistema de produção afetaram o ritmo de trabalho e as relações de produção, permitindo maior racionalização do trabalho. A área cultivada expandiu-se e a demanda de mão-de-obra cresceu. No entanto, com o aumento da população livre nas regiões vizinhas, os fazendeiros encontraram um excedente de mão-de-obra que puderam empregar nas fazendas. Isso compensava a pouca elasticidade da oferta de mão-de-obra escrava. Simultaneamente, nos anos 1870, o Nordeste foi assolado por uma série de secas catastróficas. Milhares de retirantes viram-se obrigados a procurar serviço nas regiões da mata, oferecendo aos agricultores dessa área uma mão-de-obra barata e de fácil aquisição.

Nas regiões cafeeiras, a situação também se alterara, permitindo o uso mais eficiente da mão-de-obra.

Fazendas novas abriam-se em virtude da demanda crescente no mercado internacional. Os fazendeiros procuraram aperfeiçoar o processo de beneficiamento do café. Novos tipos de terreiros, secadoras e despolpadoras apareceram, aumentando o rendimento. Viajantes que percorreram as fazendas de café nas zonas pioneiras, onde a produtividade dos cafezais era alta dada a fertilidade da terra, descreveram fazendas de café onde este era pilado, descortiçado, escolhido, brunido, ensacado e pesado mecanicamente. A máquina realizava em pouco tempo o trabalho que anteriormente exigira grande número de trabalhadores. Além disso, o café assim tratado encontrava melhor aceitação no mercado internacional, alcançando preços mais elevados. Todas essas transformações aumentavam a produtividade do trabalhador e, ao mesmo tempo, liberavam a mão-de-obra.

Ferrovias

Na segunda metade do século XIX, houve também grande melhoria nos sistemas de transporte. Os produtos — que até então tinham sido transportados em lombo de burro, carros de boi ou barcaças — passaram a ser transportados por vias férreas. A construção de estradas de ferro não só permitiu a localização de fazendas em áreas até então inacessíveis e antieconômicas, como também um aumento da produção, fretes relativamente mais baixos e um sistema de transportes mais rápido e seguro. Dessa forma, a mão-de-obra até então utilizada na manutenção e condução de tropas de burro e carros de boi foi liberada, podendo ser usada em outros setores.

Graças a todas essas transformações, tanto no sistema de transporte quanto no sistema de produção, não era mais necessário manter ocupado, durante todo o ano, grande número de escravos. Tornou-se possível reduzir a mão-de-obra permanente e contratar mão-de-obra extra, por ocasião das colheitas. Dessa forma, o trabalho livre tornou-se mais viável, senão mais lucrativo. Em vez de investir dinheiro na compra de escravos, o fazendeiro contratava um colono e na época da colheita recrutava sua família. Esse sistema oferecia várias vantagens. O fazendeiro não necessitava empatar capital na compra de escravos, não era responsável por sua manutenção ou saúde e assim, quando o trabalhador morria, não perdia o capital empatado.

Enquanto as condições se tornavam mais favoráveis ao emprego do trabalhador livre, os preços de escravos continuavam a subir e o braço escravo se tornava cada vez mais oneroso.

"Cada dia o trem do progresso vae tomando passageiros. De muitas localidades e sobretudo da provincia de S. Paulo, os proprios lavradores não hesitam em embarcar. A iniciativa particular vencendo sempre a official. Que figura ridicula fazem hestes dois estadistas, com a sua

famosa lei de 28 de Setembro de 1885, que prolonga o prazo da escravidão até o fim deste seculo, quando menos de tres annos ella ficará de todo extincta." *Revista Ilustrada*, ano 12, n.462, 13 de agosto de 1887, p.4-5.

Vantagens do trabalho livre

Pouco a pouco, alguns fazendeiros começaram a perceber que o trabalho livre podia ser mais vantajoso do que o escravo. José Vergueiro, por exemplo, publicava em 1870 um artigo em um jornal de grande circulação em São Paulo, demonstrando que o trabalho dos colonos era mais rendoso do que o dos escravos. Cem escravos, argumentava ele, importam em 200 contos de réis, pelo menos. Com esse capital, seria possível obter trabalhadores livres. Computando-se o custo do escravo — as despesas com alimentação, vestuário, assistência médica e juros sobre o capital empatado —, as despesas chegavam, em alguns casos, a ser superiores às correspondentes ao salário de um trabalhador livre. Por que então continuar investindo capitais em escravos? Tanto mais que a Lei do Ventre Livre deixara claro que a escravidão estava condenada a desaparecer como forma de trabalho.

Além de todas essas razões em favor do trabalho livre, havia outra não menos importante. Com a expansão da economia na segunda metade do século tinham-se ampliado as oportunidades de investimentos. Bancos, companhias de seguro, estradas de ferro, fábricas de tecido e outras empresas haviam-se multiplicado. Para os fazendeiros, esses empreendimentos criavam novas oportunidades. Tão atraentes eram os títulos de dívida pública, que o governo era forçado a emitir, a fim de financiar o déficit orçamentário que aumentara. Aumentara à medida que a economia se expandira, porque o governo fora obrigado a chamar a si novas responsabilidades.

As novas alternativas de investimento eram atraentes para os fazendeiros mesmo quando os juros sobre o capital investido eram inferiores aos do capital investido na agricultura. Isso porque a diversificação dos investimentos lhes dava maior segurança por ocasião das crises que abalavam a exportação. Por isso, os grandes fazendeiros, como Antônio Prado, associaram-se a várias empresas, investindo capitais em estradas de ferro, bancos, companhias de seguro, títulos de dívida pública, fazendas, imóveis etc. Dessa forma, o desenvolvimento do capitalismo do país, criando novas oportunidades e investimentos, tornava a imobilização de capitais em escravos menos atraente do que fora no passado, quando faltavam aquelas alternativas.

Se bem que em virtude dessas transformações, que vimos descrevendo, um número cada vez maior de fazendeiros se convencesse da superioridade do trabalho livre sobre o trabalho escravo, a maioria continuava a duvidar de que fosse possível encontrar trabalhadores livres dispostos a se empregar nas fazendas. A maioria dos fazendeiros estava convencida de que os escravos só trabalhavam quando forçados. A impressão geral era de que, uma vez abolida a escravidão, eles abandonariam as fazendas. Se os escravos abandonassem o trabalho, onde encontrar trabalhadores para substituí-los? Por isso, muitos fazendeiros continuavam a se opor à abolição. Outra razão para se oporem à abolição era o receio de perder o capital empatado. Por isso eram contrários a qualquer medida emancipadora que não respeitasse o direito de propriedade e o princípio da indenização.

Imigração chinesa

Conscientes, no entanto, de que a escravidão era uma instituição ameaçada, alguns fazendeiros das regiões cafeeiras mais novas, particularmente afetados pelo problema da mão-de-obra, voltaram-se mais uma vez para a imigração como solução alternativa. Alguns fazendeiros sugeriram que se promovesse a imigração chinesa. Os *coolies* (assim eram chamados esses imigrantes) tinham a reputação de aceitar qualquer trabalho, por mais humilde que fosse e de se conformarem com baixos salários e modestas condições de vida. Os *coolies* tinham sido utilizados, aparentemente com sucesso, em vários países da América Latina e nos Estados Unidos.

Na opinião de alguns fazendeiros que ainda se lembravam da má experiência que tinham tido com colonos alemães e suíços na década de 1850, era daquele tipo de imigrante submisso e acostumado aos trabalhos rudes que se precisava. Só os chineses seriam capazes de se submeter aos baixos salários e às precárias condições de vida nas fazendas de café.

No Congresso Agrícola, organizado em 1878 pelo governo imperial, vários fazendeiros defenderam essa idéia. Não receberam, no entanto, o apoio que esperavam. Muitos dos presentes àquele Congresso encaravam com desconfiança essa proposta. Movidos por preconceitos contra os chineses, acusavam-nos de corruptos por natureza e dados a toda sorte de vícios, que viriam a corromper o povo brasileiro com seus maus costumes. Um congressista, Cristiano Otoni, expressando o ponto de vista dos que assim pensavam caracterizou os chineses como fracos, indolentes por natureza, narcotizados física e moralmente pelo ópio, alquebrados pela depravação dos costumes e pelos maus hábitos que adquiriam desde o berço. Nem todos, no entanto, eram tão pessimistas quanto ele. Havia alguns que estavam convencidos de que a imigração chinesa poderia, pelo menos temporariamente, vir a resolver o problema da mão-de-obra.

O assunto foi amplamente discutido na Assembléia Provincial de São Paulo, onde os dois pontos de vista foram apresentados. Diziam uns que os chineses eram bons trabalhadores, que as experiências na Guiana Inglesa, na Califórnia e em Cuba tinham sido bem-sucedidas. Argumentavam ainda que eram menos exigentes que os europeus e, portanto, constituíam mão-de-obra mais barata. Afirmavam outros que os chineses que haviam sido introduzidos anteriormente no Brasil eram a melhor prova de que a imigração chinesa seria um desastre: tinham-se convertido em ladrões ou mercadores de peixe! Os que se opunham à imigração chinesa falavam ainda no perigo da mongolização da população brasileira.

O interesse, no entanto, prevaleceu sobre os preconceitos. Organizou-se uma companhia com o objetivo de promover a imigração chinesa para o Brasil. A companhia, no entanto, encontrou sérias dificuldades em levar a cabo sua missão, entre as quais a oposição dos governos inglês e português que impediu o embarque de trabalhadores chineses nos portos de Hong Kong e Macau. Tantos foram os obstáculos em promover a imigração chinesa, que os fazendeiros acabaram por desanimar e voltaram-se para outras soluções. Encontrariam na Itália a mão-de-obra desejada.

"E já que os fazendeiros querem chins... pois tomem chins..." *Revista Ilustrada*, ano 8, n.358, 20 de outubro de 1883, p.4.

Imigração européia

Até os anos 1870, o imigrante pouco representava na economia cafeeira. O verdadeiro aumento da imigração é posterior à Lei do Ventre Livre e é, até certo ponto, decorrência dela. Entre 1875 e 1886, entraram na província de São Paulo quatro vezes mais imigrantes do que nos quarenta anos anteriores. Foi, no entanto, nos dois últimos anos anteriores à abolição que a imigração italiana realmente tomou impulso. Em 1886 e 1887 mais de 100 mil imigrantes, em sua maioria italianos e portugueses, chegaram à província de São Paulo. Entre 1888 e 1900, São Paulo receberia 800 mil imigrantes — número superior à população escrava em todo país no ano de 1887.

Em meados do século XIX, quando das primeiras tentativas de introdução de imigrantes nas lavouras de café, os fazendeiros haviam financiado as passagens, mas pouco a pouco, a partir dos anos 1870, o governo provincial chamou a si essa responsabilidade. Nos anos 1880, o governo despendeu somas vultosas com a imigração. No período de 1881 a 1891 desembolsou 9.244.226.550, sendo que as maiores quantias foram as relativas aos anos 1884-85 e 1885-86. A partir do momento em que o Estado começou a financiar as passagens dos imigrantes, os riscos envolvidos na experiência foram socialmente divididos por todos, mas os benefícios couberam diretamente aos fazendeiros. Daí em diante, estes puderam enfrentar a transição para o trabalho livre mais facilmente.

No início dos anos 1880, no entanto, a maioria dos fazendeiros continuava a depender da mão-de-obra escrava. A imigração continuava a ser, para eles, mais uma esperança do que uma realidade e continuavam a duvidar das possibilidades de substituir o escravo pelo trabalhador livre. Por essa razão continuavam a se opor à abolição. Os interessados em promover a imigração, entretanto, começavam a argumentar que, enquanto houvesse escravos no Brasil, não seria possível promover a imigração em grande escala.

Opiniões divergentes

As transformações que vimos descrevendo contribuíram para que, nos anos 1880, a transição para o trabalho livre se tornasse mais viável e, em certos casos, desejável. Isso não significa, no entanto, que os fazendeiros, a partir de então, se converteriam ao abolicionismo. A maioria continuava cética e apreensiva. No entanto, entre os fazendeiros das áreas mais produtivas, já se ouviam as primeiras vozes favoráveis à adoção do trabalho livre, não só nas áreas cafeeiras como em outras regiões do país. Isso gerava conflitos entre os fazendeiros que eram favoráveis ao trabalho livre e os que continuavam a duvidar da possibilidade de substituir o escravo pelo trabalhador livre.

Nas regiões açucareiras do Nordeste, grande número de fazendeiros de açúcar subscrevia as palavras de Augusto Milet, senhor de engenho em Pernambuco, que argumentava, em

1876, que o salariado rural era insuficiente para fornecer à agricultura o suprimento de braços de que ela necessitava e, por conseguinte, seria loucura contar com ele para suprir a falta dos 30 ou 40 mil braços escravos que ainda estavam empregados nos engenhos. Não era possível, dizia Milet, contar com o trabalhador assalariado para suprimento do serviço braçal a tempo e hora como exigiam os trabalhos na lavoura e no fabrico de açúcar. A idéia de que um engenho pudesse funcionar com homens livres parecia-lhe ainda uma utopia. Só os grandes engenhos estavam em condições de usar trabalhadores livres, dizia ele, em debate com um grande usineiro que argumentava a favor do trabalho livre.

Conflitos análogos existiam na área cafeeira. Um ano antes da abolição, Rodrigues de Azevedo, fazendeiro em Lorena (no vale do Paraíba paulista), amargurado, desabafava em carta a Rodrigues Alves:

> Infelizmente o Norte (Vale do Paraíba) não é igual ao Oeste, onde a uberdade da terra e a grande produção convidam ao trabalho livre e dão-lhe compensação. Aqui não temos e nem poderemos ter colonização tão cedo; enquanto não houver uma transformação na cultura não se pode dispensar o braço escravo ou nacional. Qual seria o colono que quererá tratar de mil pés de café para colher vinte arrobas? Mas, por essa mesma razão, não podemos ser desprezados ou sacrificados aos nossos irmãos que são ricos, ao contrário, seria de bom governo sacrificar aqueles a estes... Se acham que presentemente o trabalho escravo já não remunera o produtor e é um ônus para os que deles se utilizam, que libertem os seus, os que assim pensam, independentemente de lei, mas não venham obrigar aos que de modo contrário e por necessidade, divergem de semelhante inteligência a terem igual procedimento.

Os fazendeiros mais apegados à escravidão eram homens como Rodrigues de Azevedo em São Paulo, ou Milet em Pernambuco, cujas fazendas tinham baixa produtividade (por esgotamento do solo, ou porque estavam à margem das novas vias de comunicação), e, sobrecarregados de dívidas e hipotecas, não dispunham do capital ou do crédito necessário para modernizarem seus métodos de produção. Continuavam, por isso, a lutar desesperadamente contra a abolição. Outros mais felizes, que dispunham de maior capital e cujas fazendas eram mais produtivas, podiam encarar a abolição com menor ansiedade. A unanimidade dos fazendeiros rompera-se. Uma vanguarda dissociara-se da maioria e estava disposta a procurar soluções alternativas para o problema da mão-de-obra.

As camadas urbanas

Embora essa vanguarda pudesse aceitar a idéia de que o trabalho livre fosse superior ao escravo, não se tornara abolicionista. O abolicionismo continuava a recrutar apoio principalmente entre as camadas urbanas. Estas tinham crescido em importância, no decorrer do século XIX, em razão do desenvolvimento do capitalismo.

Alguns centros comerciais, como Rio de Janeiro, Salvador, Campinas, São Paulo e Pelotas, tinham tido notável desenvolvimento. A população da cidade do Rio de Janeiro (o então chamado Município Neutro) passara de 274 mil habitantes, em 1872, para mais de 450 mil, em 1886-87. A população de São Paulo também crescera rapidamente.

Multiplicaram-se as instituições culturais, escolas, jornais, editoras, livrarias. O número de pessoas devotadas às profissões liberais também aumentara, bem como o de outras categorias profissionais relacionadas às atividades urbanas. Havia maior número de médicos, engenheiros, advogados, jornalistas, funcionários públicos, professores etc. Estes viviam presos nas malhas de um sistema de clientela e patronagem que determinava seu sucesso ou fracasso. Alguns, como o famoso líder abolicionista Luiz Gama, provinham de camadas subalternas. Outros, como Joaquim Nabuco, descendiam de famílias importantes. A maioria era branca, mas havia também alguns mulatos e negros. Ligavam-se às classes dominantes por laços de família ou de serviços. Alguns, como Andrade Figueira, continuaram a ser fiéis servidores das elites dominantes; outros, como Rui Barbosa, transformaram-se em críticos dessas elites e fizeram-se porta-vozes dos novos setores emergentes. Foram estes, os ressentidos da patronagem, os aliados dos grupos econômicos menos vinculados à escravidão que se alistaram sob a bandeira do radicalismo, propugnaram reformas, criticaram os estilos de pensamento e as formas literárias e artísticas tradicionais, propuseram novos métodos de ensino e aderiram ao abolicionismo ou ao republicanismo.

Evidentemente, seria inútil buscar nesses indivíduos uma coerência total. Alguns apoiavam umas reformas e não outras. Uns eram emancipadores, outros, abolicionistas. Uns, como Joaquim Nabuco, eram favoráveis à abolição, desde que esta fosse encaminhada pelo Parlamento, mas teriam recuado diante da idéia de uma sublevação geral dos escravos. Outros, como Antônio Bento, o líder dos caifazes — um grupo que operava em São Paulo nos anos 1880, promovendo a fuga de escravos e a agitação —, iriam mais longe. Uns, como Gama, seriam republicanos e abolicionistas; outros, como Nabuco, abolicionistas e monarquistas. Mas, apesar da grande variedade de combinações possíveis, foi entre esses grupos urbanos que o abolicionismo recrutou o maior número de adeptos.

Nas cidades, as mulheres tiveram um papel fundamental: criaram associações emancipadoras e abolicionistas, promoveram quermesses, angariaram fundos destinados à emancipação, fizeram demonstrações públicas, organizaram conferências em favor da abolição. Constituíram grande parte do público leitor dos poetas e romancistas que se alistaram sob a bandeira da abolição.

Importante papel na abolição tiveram também as camadas urbanas mais modestas, os jangadeiros do Nordeste, os cocheiros, os ferroviários, e muitos outros. Entre eles, havia alguns imigrantes e muitos negros e mulatos, que se solidarizavam com a causa da abolição.

Foram as várias formas de pressão exercidas por esses grupos urbanos que forçaram, no início da década de 1880, o Parlamento a reabrir a questão da emancipação dos escravos.

CAPÍTULO 7

O ABOLICIONISMO. TERCEIRA FASE: A LEI DOS SEXAGENÁRIOS

Os debates em torno da Lei do Ventre Livre tinham dado à questão da emancipação dos escravos nova dimensão. Ela fora amplamente debatida pela imprensa e a opinião pública fora mobilizada. Por toda parte, grupos abolicionistas tinham-se organizado.

As sedes de jornais, revistas e clubes abolicionistas tornaram-se ponto de congraçamento da juventude estudantil, de intelectuais e profissionais liberais em geral. Por meio dessas organizações, jovens vindos de outras províncias eram imediatamente socializados. Um paulista em Recife ou um pernambucano em São Paulo encontravam facilmente lugar. O candidato à carreira política, a quem faltava o apoio das *cliques* partidárias, encontrava um novo eleitorado; o poeta, um novo público; as moças casadouras, novas formas de sociabilidade.

O abolicionismo era, além do mais, uma causa generosa e cristã e falava aos sentimentos filantrópicos que a sociedade cultivava. Ser a favor da emancipação dos escravos era ser a favor do *progresso* e da *civilização*, pois a escravidão fora condenada em nome do *progresso* e da *civilização* nos países mais desenvolvidos. Nada atraía mais aos jovens profissionais, a quem a Europa fascinava, do que aquelas palavras mágicas. A abolição passara a ser uma causa nobre; a defesa da escravidão, odiosa. Alistar-se nas fileiras do abolicionismo era também combater as oligarquias que se apegavam à escravidão. Para uns, a abolição era uma convicção; para outros, um expediente (ou talvez ambos) e, cada vez mais, as fileiras do abolicionismo recebiam novos recrutas.

Ao iniciar-se a década de 1880, o abolicionismo ganhava novo ímpeto, em especial nos núcleos urbanos. Pessoas levando cartazes em favor da emancipação dos escravos desfilavam pelas ruas das capitais e outros centros urbanos, nas várias províncias. Por toda parte, faziam-se coletas em prol da campanha e promoviam-se comícios e conferências. Alguns chegavam mesmo a incitar os escravos à violência e à rebeldia. Improvisavam-se tribunas nas praças, distribuíam-se panfletos apregoando que a escravidão era um crime e a

"Se os negreiros do Parlamento não tratarem de libertar já estes pobres escravos de 60 annos, nós, o povo, os libertaremos. (É esta a actual attitude do povo fluminense.)" *Revista Ilustrada*, ano 10, n.409, 11 de abril de 1885, p.1.

propriedade do escravo, um roubo. A agitação chegaria ao auge durante o Ministério Dantas, quando este apresentou o projeto da emancipação dos sexagenários.

No Rio de Janeiro, a agitação parecia incontrolável. Os estudantes da Escola Politécnica, do Colégio Pedro II e de outras instituições manifestavam-se ruidosamente em favor da emancipação. Seu exemplo era seguido pelos vereadores da Câmara Municipal. Os jangadeiros do Ceará, símbolo da luta pela abolição naquela província, eram aclamados por grande multidão que, a chamado dos abolicionistas, fora recebê-los, quando de sua visita ao Rio.

Francisco Nascimento

"À testa dos jangadeiros cearenses, Nascimento impede o trafico dos escravos da provincia do Ceará para o Sul." *Revista Ilustrada*, ano 9, n.376, 1884, s.d., p.1.

Proprietários protestam

Na Câmara dos Deputados não faltaram protestos contra essa crescente agitação. Andrade Figueira, líder do escravismo, atacava os professores da Escola Politécnica, que tinham recebido com discursos e festas a emancipação do Ceará. Na opinião dele, em vez de se dedicarem a educar a mocidade, esses professores ocupavam-se em celebrar, "dentro do próprio edifício da escola", festa abolicionista, e não contentes com isso formavam associações com os alunos, aniquilando assim a disciplina escolar e "perventendo" a mocidade, instigando-lhes hábitos de desordem e anarquia.

Petições de fazendeiros, irados com a campanha abolicionista que prosseguia impune, choviam no Parlamento. Os porta-vozes dos interesses escravistas exigiam na Câmara e pela imprensa que se tomassem medidas que pusessem fim à agitação. Os fazendeiros arregimentavam-se. Conspiravam nos centros de lavoura. Perseguiam os abolicionistas, que ousavam pregar suas idéias nas cidades do interior, ameaçavam-nos de morte. Interrompiam, de armas na mão, comícios abolicionistas. Seus capangas invadiam e quebravam a sede dos jornais abolicionistas e ameaçavam os jornalistas, expulsando-os das cidades. Usando de sua influência política, os fazendeiros tudo faziam para remover os juízes e outros funcionários públicos que davam apoio aos escravos ou mostravam simpatia pela abolição. Diziam que o abolicionismo era um movimento artificial, promovido por desordeiros e irresponsáveis que ameaçavam o futuro da nação. Pediam ao Parlamento que tomasse medidas para impedir a propaganda abolicionista.

Uma dessas petições, encaminhada ao Parlamento em 1884, resume a posição desses grupos escravistas:

> O movimento abolicionista que pretende acelerar a liberdade completa da escravidão no paiz não cogitando das terríveis conseqüências desse passo precipitado para a lavoura e o paiz em geral, obriga-nos a recorrer ao Parlamento Brasileiro, insistindo por adoção de medidas enérgicas e urgentes a fim de evitar que essa

avalanche medonha em sua queda vertiginosa venha arrasar completamente o futuro da lavoura, tão empenhada em nossos dias, não só pela carestia de braços, como pela falta de confiança e de capitais. Não há brasileiro que não sinta palpitar em seu peito o nobre e generoso sentimento de liberdade, não há lavrador que não aspire ver resolvido esse magno problema que agita o paiz, mas o momento não é chegado, essa solução não tem razão de ser com a marcha acelerada que fora da legalidade lhe querem dar os abolicionistas... Na ocasião oportuna, quando estiver a lavoura preparada para esse golpe decisivo, em nossos corações ecoará também esse grito simpático de liberdade...

Esboroando-se essa grande coluna do Estado, a lavoura, de encontro a imprudência de alguns homens sedentos de gloria, com certeza o paiz ver-se-á arrastado a uma destruição completa...

Falava ainda na necessidade de se encontrarem soluções para o problema da mão-de-obra e na necessidade de se decretarem leis que garantissem braços para a lavoura, preparassem os escravos para a liberdade, forçassem os libertos ao trabalho e garantissem os fazendeiros "contra os libertos e contra a indolência congênita de todos de sua raça". Pediam ainda medidas de repressão contra os excessos e as perturbações, que em nome da causa abolicionista os seus "exaltados adeptos têm levantado na praça pública".

A maioria dos que em 1871 tinham sido contra a Lei do Ventre Livre louvava agora seus efeitos e argumentava que ela, por si, resolveria todos os problemas pois estabelecera a emancipação gradual sem abalos para a propriedade. Essa sábia lei, diziam eles, estava sendo ameaçada por "espíritos desvairados pela febre de um denegrido abolicionismo... que trazia conseqüências horrorosas e precipitava o país num abismo". Denunciavam, ainda, a "devastadora onda abolicionista que ostenta na praça pública perigoso movimento com tolerância das autoridades" e em desrespeito à lei de 1871.

Em 14 de junho de 1884 o Imperial Instituto Bahiano de Agricultura, reunindo comerciantes e lavradores, enviava à Câmara uma petição no mesmo sentido. Esta também era bem típica do pensamento escravista da época:

> Mais que um bem patrimonial, mais que um elemento da fortuna privada, o escravo é uma instituição social, é um elemento de trabalho, é uma força de produção e da riqueza nacional em fim.
>
> A lavoura e o comércio desta província não são escravagistas, como ninguém o é no século em que vivemos. Mas a escravidão tendo entrado em nossos costumes, em nossos hábitos, em toda nossa vida social e política, acha-se por tal forma a ela vinculada que extingui-la de momento será comprometer a vida nacional, perturbar sua economia interna, lançar esta na indigência, na senda do crime e no precipício de uma ruína incontável.

A petição terminava referindo-se às vantagens da lei de 1871 e solicitando que a ordem fosse garantida.

A mais expressiva e sintomática de todas as petições viria de Boa Esperança em Minas Gerais. Denunciava o "anárquico" movimento abolicionista pela maneira tumultuada com que pretendia realizar a emancipação dos escravos, ofendendo os direitos dos proprietários, "sublevando por sua imprudentíssima propaganda os instintos ferozes dos escravos contra a classe pacífica dos lavradores, a ponto de perigar a segurança individual dos mesmos e seu trabalho mais contribui para a fortuna pública".

Assim seguiam as petições, batendo nas mesmas teclas, dentro e fora do Parlamento. A imprensa escravista e antiescravista adquiria um tom sensacionalista e apaixonado. Trocavam-se acusações recíprocas. Os abolicionistas condenavam os crimes dos senhores; os escravistas, os crimes dos escravos que em sua opinião haviam sido instigados pelos abolicionistas. O confronto entre os dois grupos assumia, por vezes, tons dramáticos. Os escravistas tornavam-se mais agressivos à medida que a audácia dos abolicionistas aumentava. Se os escravos rebeldes contavam agora com mais simpatia por parte da população que se convertera ao abolicionismo, também encontravam maior violência por parte dos senhores, que se sentiam ameaçados e não hesitavam em convocar a polícia e reunir seus capangas e sua clientela, diante do menor boato de insurreição.

Um episódio ocorrido em Itu, em 1880, mostra a que ponto a tensão tinha chegado. Quatro escravos tinham assassinado o filho do fazendeiro Valeriano José do Vale e se encontravam presos na cadeia da cidade de Itu aguardando julgamento. Daí foram arrancados por uma multidão de mais de trezentas pessoas enfurecidas, armadas de machado, enxada, facas e paus que em poucos minutos os massacraram. Os escravistas serviram-se do episódio de linchamento para denunciar a violência a que tinham chegado os escravos; os abolicionistas, para condenar a brutalidade de uma instituição que levava a tais atos de desespero e violência. "Eu que invejo com profundo sentimento estes quatro apóstolos do dever" — diria Luiz Gama referindo-se aos escravos linchados — "morreria de nojo, se por torpeza me achasse entre essa horda inqualificável de assassinos."

A sociedade estava a tal ponto polarizada, que o que para os escravistas era crime, para os abolicionistas era ato nobre. O que para os abolicionistas era horrorosa e injustificada violência era para os escravistas a justa defesa da propriedade.

Crimes e revoltas de escravos tornaram-se temas constantes da imprensa. Artigos cheios de detalhes assustadores acirravam os dois lados. Os escravistas convenciam-se de que a ordem pública estava ameaçada de colapso por causa da "agitação irresponsável" promovida pelos abolicionistas. Por isso, redobravam as demandas de maior vigilância e solicitavam medidas repressivas que pusessem fim à agitação. Os abolicionistas, por seu lado, denunciavam à opinião pública a violência cometida pelos proprietários de escravos e seus asseclas e argumentavam que só a abolição poria fim a tais abusos.

Ministério Dantas

Foi nesse clima de tensão que o projeto de emancipação dos sexagenários foi apresentado à Câmara pelo Ministério Souza Dantas. Apesar das limitadas conseqüências desse projeto, que apenas visava a emancipar escravos de sessenta anos,

"Estes desgraçados serão provavelmente entregues aos seus senhores que, à imitação do feroz Dr. Davino, tomarão medidas efficazes para que não fujam mais." *Revista Ilustrada*, ano 12, n.469, 29 de outubro de 1887, p.8.

a maioria de pouca valia como força de trabalho, provocou grande resistência da parte dos proprietários de escravos e seus representantes no Parlamento. Moreira Barros, representando os interesses de cafeicultores paulistas, renunciou à presidência da Câmara, desencadeando uma crise parlamentar. Justificando seu gesto, lamentou que o Ministério tivesse endossado o princípio de emancipação sem indenização, o que lhe parecia uma direta ameaça a toda e qualquer propriedade escrava.

Diante do projeto, a Câmara dividiu-se. Mais uma vez, ficou claro que a questão da abolição pairava acima dos interesses político-partidários. Havia conservadores e liberais dos dois lados. Apesar de o projeto ter sido apresentado por um Gabinete Liberal, nove deputados pertencentes a esse partido uniram-se aos conservadores votando contra o projeto. O Ministério encontrava oposição em seu próprio partido. Sua situação era visivelmente difícil. Teria condições para se sustentar? Quinze dias depois a Câmara votava uma moção de desconfiança apresentada por um deputado do Partido Liberal mineiro.

Em defesa do Ministério, fizeram-se vários discursos. Rui Barbosa, famoso orador e um dos líderes do abolicionismo na Câmara, advertiu aos que se opunham à proposta do governo que, quanto mais resistissem à emancipação gradual, mais contribuiriam para fazer o processo avançar.

> O movimento parlamentar da emancipação não retrocede uma linha. Não há maioria com força para o deter. As vossas vitórias aparentes, reverter-se-ão contra vós. De cada uma delas, o espírito libertador reerguer-se-á mais poderoso, mais exigente, mais afoito... As concessões moderadas, que hoje recusardes, amanhã não satisfarão a ninguém.

"A oposição desceu tanto, mostrou-se tão pequenina, que só conseguiu uma cousa, fazer do Consº Dantas um gigante!" *Revista Ilustrada*, ano 10, n.407, 18 de abril de 1885, p.1.

De pouco valeram esses e outros discursos cheios de paixão e entusiasmo proferidos pelos líderes do abolicionismo no Parlamento. De pouco valeu, também, o caloroso apoio dado pela imprensa abolicionista ao Ministério. A sua popularidade também de nada lhe valeu. Votada a moção, 42 conservadores, apoiados agora por dezessete liberais, negaram confiança ao Ministério. As bancadas das províncias de São Paulo, Rio de Janeiro e Minas Gerais (onde se concentrava a maioria da população escrava) votaram quase maciçamente contra o Ministério. Entre mineiros, paulistas e representantes do Rio de Janeiro e do Município Neutro apenas sete deputados votaram a favor. Conhecidos liberais — como Moreira Barros, Souza Queiroz, João Penido, Afonso de Assis Figueiredo e Vieira de Andrade — votaram contra seu próprio partido. Era a vitória da reação. O Ministério estava ameaçado. Teria condições de sobreviver à crise?

Clubes da lavoura e associações comerciais continuavam a se manifestar contra o projeto. Petições continuavam a chegar ao Parlamento. "A vida e a propriedade não podem estar à mercê desse punhado de aventureiros", dizia uma. "Estes grupos de demolidores que ora se congregam no país promovendo propaganda com o fim de abolir os escravos, são os mesmos que na Rússia formam o partido niilista, na Alemanha, o socialista, assim como na França, o comunista. Estejamos, pois, precavidos contra esses desordeiros", dizia outra. Do Ceará e do Amazonas, onde a população escrava era mínima e a abolição estava praticamente feita, vinham manifestações a favor da abolição definitiva, o que complicava ainda mais a situação.

Em face da oposição da Câmara, Dantas requereu do imperador sua dissolução e a convocação de novas eleições. Os abolicionistas lançaram-se com ímpeto à campanha, como veremos adiante, no capítulo sobre a vida de Joaquim Nabuco.

Em 1884, aconteceu o mesmo que em 1871. A agitação e a mobilização da opinião pública contribuíram para acelerar o processo abolicionista, mas, ao mesmo tempo, provocaram reação violenta por parte dos escravistas. Assim, apesar dos esforços do Ministério para ganhar as eleições, o resultado foi desapontador.

Rui Barbosa, autor do parecer favorável ao projeto Dantas, não foi reeleito. Joaquim Nabuco teve sua votação contestada. Em Minas, um dos membros do Gabinete, o ministro Mata Machado foi derrotado e em seu lugar foi eleito um defensor dos interesses escravocratas. O Ministério não teria condições para se manter. Caiu por 52 votos contra cinqüenta. Um novo Ministério Liberal foi formado e um novo projeto, versão modificada do anteriormente apresentado, foi submetido à Câmara. As alterações introduzidas resguardavam o direito de propriedade, respeitando o princípio de indenização. Além disso, atendendo às exigências dos proprietários de escravos, impunha severas penas a quem protegesse escravo fugido.

Analisando o novo projeto, artigo por artigo, diante de grande número de pessoas que se reuniu no Teatro Polytheama, Rui Barbosa demonstrou que, com as alterações introduzidas, ele se afastara completamente da versão original, representando uma concessão aos interesses escravistas.

De fato, o novo projeto estipulava que os escravos emancipados aos sessenta anos ficavam obrigados a trabalhar mais três anos gratuitamente (ou até atingirem a idade de 65 anos), a título de compensação a seus senhores. Oferecia ainda vantagens aos senhores que se decidissem espontaneamente a emancipar seus escravos, concedendo-lhes indenização.

Ministério Cotegipe

Como era de esperar, o projeto provocou a repulsa dos abolicionistas mais extremados. Ao mesmo tempo, encontrou apoio entre muitos daqueles que se tinham oposto ao Projeto Dantas. A oposição dos abolicionistas mais radicais pertencentes ao Partido Liberal enfraqueceu o Ministério recém-inaugurado, que também não conseguiu se manter. Saraiva, o chefe do Gabinete, renunciou. Consciente das dificuldades encontradas pelos liberais para a aprovação da lei, o imperador decidiu chamar um político conservador para formar um novo Gabinete. Desta vez, chamou-se um habilidoso representante da lavoura: o baiano barão de Cotegipe, velho e experiente político conservador. Graças a seus esforços e aos compromissos e concessões que fez, conseguiu a aprovação do projeto que foi transformado em lei, em 1885. Esta ficou conhecida como a Lei Saraiva-Cotegipe ou Lei dos Sexagenários.

"Depois de a terem tão guerreado, hoje elles abraçam essa lei com enthusiasmo! Que ridicula incoherencia!" *Revista Ilustrada*, ano 9, n.387, 31 de julho de 1884, p.4.

"O coveiro do sexagenario! disse Joaquim Nabuco, no seu primeiro discurso na Camara dos deputados (3 de Julho). Pobres velhos! O Dantas deu-lhes esperanças de morrerem livres. O Saraiva quer enterrá-los algemados." *Revista Ilustrada*, ano 10, n.413, 30 de junho de 1885, p.1.

Durante os debates que haviam absorvido os parlamentares e mobilizado a opinião pública desde 1884, dando grande impulso à campanha abolicionista, ficara claro que alguns setores da lavoura estavam já convencidos de que a abolição era inevitável. Sua única preocupação era garantir a transição do trabalho escravo para o trabalho livre, de forma a evitar uma paralisação da lavoura e, ao mesmo tempo, assegurar que a abolição não ocorresse sem que os proprietários fossem indenizados. Apenas alguns poucos rejeitavam qualquer medida que viesse a alterar o *status quo*, argumentando que a Lei do Ventre Livre encerrara a questão. Entre os que se opunham a qualquer concessão figuravam Andrade Figueira, representante do Rio de Janeiro, Barros Cobra, barão de São Leopoldo, Benedito Cordeiro Campos Valladares, todos da província de Minas Gerais.

Uma cisão importante ocorrera entre os representantes das áreas cafeeiras, que até então tinham, em sua maioria, se oposto a qualquer medida em favor da abolição. Antônio Prado, importante fazendeiro do oeste paulista, homem de grandes recursos e prestigioso político, depois de fazer oposição a Dantas e a Saraiva, acabou por dar seu apoio ao projeto, sendo responsável pelas alterações que nele foram introduzidas. Declarou, na ocasião, que os paulistas estavam convencidos das vantagens do trabalho livre e tomando providências para substituir os escravos por imigrantes. Antônio Prado expressava assim o ponto de vista de muitos fazendeiros das franjas pioneiras que, a esta altura, já se tinham convencido de que a única solução para o problema de braços era a introdução de imigrantes em larga escala.

Muitos tinham evoluído desde 1871, quando qualquer menção à emancipação dos escravos provocava tremenda resistência. Homens que em 1871 se opunham à legislação emancipadora, como Silveira Martins em 1884, pronunciavam discursos em favor da emancipação. Outros que eram emancipadores em 1871, como Nabuco, tinham-se tornado abolicionistas sendo favoráveis à emancipação imediata e total. Em 1884, a instituição estava não só condenada a desaparecer em virtude das transformações sociais pelo efeito da legislação emancipadora, como também se encontrava desmoralizada pelo combate incessante que lhe tinham dado os abolicionistas.

A Lei dos Sexagenários foi uma tentativa desesperada daqueles que se apegavam à escravidão para deter a marcha do processo. Mas era tarde demais. O povo arrebatara das mãos das elites a direção do movimento. A abolição tornara-se uma causa popular e contava com o apoio não só de amplos setores das camadas populares, como também de importante setores das classes médias e, até mesmo, de alguns representantes das elites. Tinha também o apoio da princesa e do imperador. O movimento era agora incontrolável. Nada

"Já não ha mais partido politico. Nem liberaes, nem conservadores. Os abolicionistas, ou negreiros! Os Srs. Paulino e Moreira de Barros procuram segurar o misero escravo; os Srs. Prado e Leoncio de Carvalho esforçam-se para o arrancar das garras dos ferozes escravocratas! Em que ficamos?" *Revista Ilustrada*, ano 12, n.472, 19 de novembro de 1887, p.5.

podia detê-lo. As últimas esperanças dos que pensavam ainda poder resistir a essa marcha avassaladora ruiriam por terra em 1887, quando militares reunidos no Clube Militar enviaram à princesa uma petição solicitando serem dispensados da desonrosa missão de perseguir escravos.

O golpe final na escravidão seria dado pelos escravos que, auxiliados pelos abolicionistas e contando com o apoio e a simpatia da maioria da população, começaram a abandonar as fazendas, desorganizando o trabalho e tornando a situação insustentável. A rebelião das senzalas foi o ponto culminante do movimento abolicionista.

"— Saia da frente senão ficas esmagado!

— Então vomcê julga que elles não podem aguentá.

— Com toda a certeza, e nessa occasião, elles terão cuidado de se pôr de lado e você terá de aguentar com todo o choque. Trate pois já de te salvar. O seguro morreu de velho!" *Revista Ilustrada*, ano 9, n.385, 30 de junho de 1884, p.1.

"Eu não te dizia, infeliz Lavoura, que elles eram incapazes de impedir que ella rolasse? Onde irá ella parar agora?" *Revista Ilustrada*, ano 9, n.387, 31 de julho de 1884, p.1.

CAPÍTULO 8

ABOLICIONISMO E ABOLICIONISTAS

Embora, no plano mais geral, o movimento abolicionista seja expressão das mudanças profundas que ocorreram na sociedade brasileira no decorrer do século XIX, essas não bastam para explicar por que alguns indivíduos se tornaram abolicionistas e outros não. Os motivos pessoais perdem-se nas múltiplas circunstâncias da vida de cada um. Comparando-se a biografia de abolicionistas famosos — como Luiz Gama, André Rebouças, Joaquim Nabuco, Antônio Bento e outros — verifica-se que muitos e variados foram os caminhos que os levaram a se tornarem abolicionistas. O exame de algumas biografias pode ajudar-nos a entender algumas determinações gerais que explicam seu comportamento.

Luiz Gama

Gama era negro. Nasceu em Itaparica, na Bahia, em 1830. Era filho de uma negra livre e de um comerciante baiano, o qual, enfrentando dificuldades financeiras, não hesitou em vender o filho como escravo, em 1840. Luiz Gama foi levado para Campinas, na província de São Paulo, onde viveu alguns anos como escravo. Fugiu em 1848, alistando-se na Guarda Urbana. Contando com a proteção de amigos ilustres, conseguiu iniciar-se no estudo das leis e tornou-se rábula (praticante de advocacia sem diploma). Em 1859, publicou um livro de versos satíricos, sob o pseudônimo de Getulino. Em seus poemas castigava a elite brasileira, principalmente alguns homens eminentes que se faziam passar por brancos, apesar de descenderem de negros. Em um dos poemas dizia:

Se em peitos que ferve
infâmias tremendas
avultam comendas
e prêmios de honor
é que, com dinheiro,
os rudes cambetas
se lavam das tretas
e mudam de cor.

e continuava:

Se audaz rapinante
fidalgo ou Barão
por ser figurão
triunfa da lei,
é que há magistrados que
empolgam presentes
fazendo inocentes
os manos da grei.

Em outro poema, ainda mais sarcástico, afirmava sua negritude, enquanto zombava dos ricos e dos poderosos que se faziam passar por brancos, traindo sua própria raça:

Não tolero o magistrado
que de brio descuidado,
vende a lei, trai a justiça
faz a todos injustiça
com vigor deprime o pobre,
presta abrigo ao rico, ao nobre,
e só acha horrendo crime
no mendigo que deprime.
Se negro sou, eu sou bode,
pouco importa. O que isto
pode?

Bodes há de toda a casta,
Pois que a espécie é muito vasta...
há cinzentos, há rajados,
baios, pampas e malhados,
bodes negros, "bodes
brancos",
e sejamos todos francos,
uns plebeus, outros nobres,
bodes ricos, bodes pobres,
bodes sábios, importantes,
e também alguns tratantes...
Nobres, condes e duquezas,
ricas damas e marquesas,
deputados, senadores,
gentis-homens, veadores,
belas damas emproadas
de nobreza empantufadas,
repimpados principotes,
vergonhosos fidalgotes,
frades, bispos, cardeais,
fanfarrões imperiais,
gentes pobres, nobres gentes
em todos há meus parentes.

Apesar desses ataques causticantes à elite brasileira, Luiz Gama continuava a circular entre ela. O que lhe abria caminho fora a patronagem. O talento natural do jovem negro atraíra a simpatia e o apoio de alguns homens importantes que o protegeram. Gama tornou-se jornalista e passou a colaborar em vários jornais abolicionistas, satíricos, literários e políticos. Entre estes, o *Diabo Coxo* (1864), O *Cabrião* (1865), O *Ipiranga* (1867) e o *Radical Paulistano* (1868).

Em 1869, seu protetor perdeu o cargo em virtude da queda do Ministério Liberal e da ascensão dos conservadores. Gama, tal como muitos outros protegidos do Partido Liberal, expressou sua hostilidade ao sistema político, filiando-se ao Partido Republicano.

A essa altura, Gama já se destacara como líder abolicionista e não foi pequeno seu desapontamento ao verificar, em uma das primeiras reuniões do recém-criado partido, que a maioria dos presentes, até mesmo alguns mulatos, como seu amigo Glicério, não julgavam oportuno atrelar o novo partido à causa da abolição. Temiam perder o apoio dos fazendeiros. Daí em diante, suas relações com o partido foram tensas, e ele preferiu continuar seu trabalho como abolicionista a aliar-se a um grupo de escravocratas. Dedicou-se a defender escravos nas Cortes de Justiça e com freqüência ocultou em sua casa escravos fugidos, a quem ajudava a escapar à perseguição de seus senhores. Já em 1870, argumentava, em defesa de um escravo que matara seu senhor, que todo escravo que mata o senhor, o mata em legítima defesa. Essa opinião, pouco ortodoxa para o tempo, só poderia atrair contra ele a ira dos escravistas mais empedernidos. Não é portanto de estranhar que vivesse ameaçado de morte e andasse armado para se proteger contra a vingança de algum senhor ressentido.

Auxiliado pelas lojas maçônicas, empreendeu uma campanha pela libertação dos escravos, baseando-se na lei que proibira a entrada de escravos em 1831. Dessa forma, conseguiu emancipar vários escravos na cidade de São Paulo. Sua ação estendia-se a outras cidades do interior paulista: Campinas, Jundiaí e Lorena. Por sua atividade incessante em favor dos escravos, criou um grupo de admiradores, em sua maioria jovens estudantes da Faculdade de Direito, que com ele colaboraram na campanha abolicionista. Até sua morte, combateu pela causa dos escravos. Morreu em 1882, sem chegar a ver o fim da escravidão, mas seus esforços não foram perdidos. Seus companheiros continuaram a batalha, realizando seus sonhos em 1888.

André Rebouças

Outro negro ilustre que também se distinguiu na campanha abolicionista foi André Rebouças. Descendia de família abastada de políticos baianos. Filho de deputado, recebeu educação esmerada. Em 1854, prestou exame para o curso de Engenharia da Escola Militar e no ano seguinte sentava praça no Exército. Terminou o quinto ano da escola tendo-se destacado em Astronomia, Botânica e Matemática. Sua identidade intelectual estava definida: seria engenheiro. Uma carreira promissora, em um país que apenas começava a se desenvolver. Essa vocação não só lhe daria um meio de vida, como também certo senso de superioridade em relação ao meio. Seria engenheiro em um país onde estes escasseavam. Procuraria destacar-se por sua competência profissional. Pela profissão, o negro esperava ser aceito no mundo dos brancos.

Não faltariam ocasiões em que a cor lhe pareceria um entrave. Embora educado e freqüentando a alta sociedade, Rebouças era negro. E ser negro em um país de escravos não era simples. Uma bolsa de viagem ao exterior lhe foi negada e Rebouças atribuiu o fato à sua cor. Mas acabou indo, graças à ajuda do pai.

Provavelmente imaginava que sua aceitação pelas elites dependeria de sua eficiência. Por isso, na Europa, inspecionou docas, examinou a construção de pontes, viadutos, canais e aquedutos, visitou indústrias. Aparentemente seu esforço foi recompensado. De volta ao Brasil, conseguiu algumas comissões do governo. Na realidade, estas foram conseguidas graças a conexões políticas. Iniciou vários projetos, mas todas as vezes viu-se às voltas com ciumeiras profissionais e perseguições políticas. Algumas das concessões que pleiteava foram dadas a outros, menos competentes, em sua opinião, e quando conseguia alguma concessão era atacado pelos rivais que o acusavam de ineficiente.

Rebouças não tardou a perceber que tudo era fruto da patronagem política. As poderosas oligarquias no poder controlavam tudo. Nada se fazia sem a aprovação delas, era sempre necessário um padrinho. Todos viviam à mercê dos políticos, pois mérito e talento de pouco valiam. Rebouças irritava-se com a interferência dos políticos, mas não podia viver sem o apoio deles. Consumia-se em uma luta incessante contra o que lhe parecia fruto do atraso, ignorância e arbítrio de um pequeno grupo de homens. Não é, pois, de estranhar que, já em 1870, ele figurasse entre os abolicionistas. A luta pela emancipação dos escravos lhe permitiria (como a muitos outros) sublimar suas frustrações. Como abolicionista, ele contribuía para resgatar sua *raça* do cativeiro, expressava seu ressentimento contra as injustiças que sofria por ser negro e, ao mesmo tempo, atacava as elites, de cuja patronagem dependia, mas que lhe haviam causado tantas humilhações.

Em 1860, Rebouças redigiu um projeto de emancipação dos escravos, prevendo, entre outras coisas, a organização de uma associação para dar assistência aos libertos. Nunca chegou, no entanto, a ser um abolicionista radical. Preferia dirigir-se aos senhores do que aos escravos. "Dirigindo-se às vítimas", dizia ele, "suscitam-se ódios e vinganças, dirigindo-se aos algozes, cria-se o arrependimento, o remorso, o desejo nobre de reparar injustiças." Ajudava a campanha abolicionista com seus haveres, escrevia panfletos e projetos mas evitava os comícios. Foi tesoureiro da Sociedade Brasileira Contra a Escravidão e também da Confederação Abolicionista. Escreveu mais de 120 artigos, nos principais jornais do Rio de Janeiro, em favor da emancipação.

Anos mais tarde, descrevendo a campanha abolicionista diria:

> Fizemo-nos empresários de espetáculos para o público, a quinhentos réis por pessoa; varremos teatros, pregamos cartazes, éramos simultaneamente redatores, repórteres, revisores e distribuidores, leiloeiros nas quermesses, propagandistas por todas as partes, nas ruas, nos cafés, nos teatros, nas estradas de ferro, no teatro São Luiz, no teatro D. Pedro II, no já histórico Polytheama, no Recreio Dramático, em todos os jornais, em três mil panfletos, em um sem número de banquetes, jantares, em bailes e festas e até no cemitério

(referia-se aqui à grande demonstração promovida por abolicionistas, por ocasião do enterro do barão do Rio Branco).

Tal como outros homens de sua geração, Rebouças foi um reformista. Lutou não só pela emancipação dos escravos, como também em favor da pequena propriedade, da autonomia municipal e provincial e da liberdade de indústria e comércio. No entanto, não chegou jamais a ser republicano. Como Joaquim Nabuco, manteve-se fiel à monarquia até o último instante. Exilou-se voluntariamente em 1889. Nunca mais voltou ao Brasil. Decepcionado com a "república de escravocratas", como a caracterizava, passou seus últimos anos lamentando a sorte do imperador, pelo qual tinha grande respeito e amizade e com o qual continuaria a manter contatos. Depois da morte do imperador, Rebouças decidiu ir para a África, talvez em busca de um passado perdido. Apesar da insistência dos amigos para que voltasse ao Brasil, permaneceu no exterior. Acabou por se fixar na Ilha da Madeira, onde veio a falecer. A 9 de maio de 1898 seu corpo foi encontrado boiando no mar, junto a um alto rochedo defronte ao hotel em que residia. Ao que parece, minado por doença insidiosa, pusera fim à vida.

Também no estrangeiro, para onde fora como representante do governo brasileiro, morreu outro abolicionista famoso, talvez o mais famoso de todos: Joaquim Nabuco.

Joaquim Nabuco

Diferentemente de Gama e Rebouças, que eram negros, Nabuco era branco (como, aliás, a maioria dos abolicionistas). Homem de alta classe, descendente de família importante de senhores de engenho em Pernambuco, filho e neto de políticos de vulto no Império, Nabuco era um membro nato da elite brasileira. Homem de gosto requintado, boêmio elegante, freqüentador das altas rodas de Paris, Londres, Roma e Nova York, nada faria prever que se transformaria em um dos grandes líderes da campanha abolicionista. O que teria levado Quincas, o Belo, como era chamado por seus rivais, a se tornar líder do abolicionismo?

Nabuco nasceu em Recife, em 1849. O pai, recém-eleito deputado geral, seguiu para o Rio de Janeiro. Como a viagem era demorada e difícil, Joaquim foi entregue à madrinha; senhora do engenho Massangana, que o criou até a idade de oito anos. Aí cresceu como qualquer outro menino de engenho, rodeado de escravos. Ouviu as histórias das negras velhas, brincou com moleques escravos, assistiu às cenas de humilhação e violência que a escravidão reproduzia e foi também testemunha dos atos de devoção e lealdade, que por vezes unia escravos e senhores. Anos mais tarde, já adulto, Nabuco recordaria uma cena que lhe ficara na memória: o menino estava sentado no alpendre, quando um escravo negro atirou-se a seus pés suplicando-lhe que o aceitasse como seu escravo. Fugira aos castigos de um senhor cruel e viera pedir proteção ao menino. A madrinha comprou o escravo e o deu ao menino que interviera em seu favor. Anos mais tarde, esse foi o papel que Nabuco escolheu para si: o de defensor dos escravos.

A vida na fazenda foi bruscamente interrompida pela morte da madrinha. O menino foi enviado ao Rio, acompanhado de três escravos; um deles, a ama que o vira crescer. Joaquim passou a viver na casa dos pais no Rio de Janeiro, onde então se reunia a elite política. Pelos seus salões desfilavam ministros, conselheiros, senadores, deputados e barões do Império.

Concluídos seus estudos preliminares, matriculou-se na Faculdade de Direito de São Paulo. Não tardou muito para que o filho do senador Nabuco conquistasse o meio estudantil com sua brilhante retórica, seu físico atraente, seu nome importante. Joaquim parecia fadado a seguir os passos do pai. Seria político, faria carreira no Parlamento. Mas a sorte lhe foi adversa. Em 1868, o Partido Liberal, ao qual o pai pertencia, sofreria terrível revés. Com a queda do Ministério Zacarias, os conservadores assumiriam e controlariam o poder por dez anos. Durante esses anos, o Partido Liberal caiu no ostracismo. Ofendidos com o imperador, que chamara os conservadores para organizar o novo Ministério e irritados com a hegemonia conservadora, os liberais desencadearam uma campanha em favor de reformas várias. Condenavam o sistema político, atacavam o imperador, exigiam mudanças. Um dos signatários do manifesto do Partido Liberal exigindo reformas era o pai de Joaquim Nabuco.

Na Faculdade de Direito, a agitação era grande. Nabuco, já por razões de família, predisposto à luta política, tornou-se orador, jornalista e líder estudantil. Com Castro Alves, Rui Barbosa e outros jovens igualmente brilhantes, participou das tertúlias e saraus acadêmicos, defendendo as reformas. Em 1869, no auge da crise política, transferiu-se para Recife, com seu amigo, o filho do barão de Penedo, moço rico, de costumes aristocráticos, cujo pai era membro da Legação Brasileira em Londres. Em Recife, abriram-lhe as portas da casa do barão de Vila Bela, chefe do Partido liberal, e as de outras famílias igualmente importantes, cuja riqueza fora feita à custa do trabalho escravo. Em Recife, Nabuco consumia seus dias em intensa vida social. Nada parecia indicar que o jovem boêmio viesse a contestar a legitimidade de uma instituição, que era um dos pilares daquela sociedade alegre e frívola que se movia entre bailes e jantares.

Nessa época, no entanto, movido pelas memórias de infância, Nabuco visitou Massangana. Foi aí que jurou defender a causa dos escravos. A história pode não ser verdadeira. Pode ter sido criada mais tarde, quando Nabuco escreveu a *Minha formação*, em que relatou o episódio de sua visita a Massangana. Mas a verdade é que Nabuco já nessa época se identificara com a causa de emancipação. Seguia as pegadas do pai. Em uma carta datada de 1869, Nabuco escrevia ao pai que lhe almejava a sorte de um Lincoln.

Uma vez formado, Nabuco voltou ao Rio. Tinha pouca vocação para a advocacia. Sua ambição era a política. Gostaria de repetir os feitos do pai e do avô. Mas a carreira política, a essa altura, não estava fácil para um liberal.

Os conservadores achavam-se solidamente assentados no poder. Que oportunidades teria Joaquim Nabuco, um liberal e um novato na política? Resolveu dedicar-se ao jornalismo. Não descobrira ainda um tema que atraísse o público. Seus ensaios não provocavam entusiasmo. Pensou em viajar, mas faltavam-lhe recursos. Nem todo o prestígio do pai parecia suficiente para conseguir-lhe uma bolsa. Voltou a escrever desta vez sobre um tema mais bem-sucedido: falou de reformas. Mesmo bem recebido, seu entusiasmo arrefeceu. Voltou a pensar em viajar para a Europa, o sonho de todo jovem mimado e rico. O pai, afinal, forneceu-lhe os recursos e Nabuco foi para a Europa.

Passou o tempo entre namoricos e visitas a famosos escritores franceses: Renan, Taine, George Sand, que o acolheram cordialmente. Suas relações com a Embaixada Brasileira em Paris facilitaram-lhe o contato com políticos franceses de renome. Visitou a Itália, a Suíça, a Inglaterra como despreocupado turista, freqüentando altas rodas, escrevendo e recitando poesias inconseqüentes, redigidas em francês.

Ansioso pela aprovação dos intelectuais franceses, distribuiu exemplares de seu livro de poesias, *Amour et Dieu*. Recebeu, em troca, cartas amáveis, mas não encorajadoras. Passado um ano, voltou ao Brasil carregado de pretensões literárias e roupas elegantes. Falhou mais uma vez. Pensou, então, na carreira diplomática.

Em 1876, graças à intervenção de amigos de prestígio, foi nomeado adido à Embaixada Brasileira dos Estados Unidos. O que realmente desejava era um lugar em Londres, mas o prestígio e o apoio do pai não foram suficientes.

Os pretendentes eram muitos e as vagas, poucas. Nabuco foi enviado para os Estados Unidos onde se deixou ficar até não tolerar mais a rotina. Voltou então a viajar, a única atividade que, nessa época, lhe parecia satisfatória.

Em 1878, a situação mudou: o Partido Liberal voltou ao poder. As portas, até então de difícil acesso, abriram-se. Nabuco conseguiu o posto que queria em Londres e uma promessa de um lugar na Câmara dos Deputados. A morte súbita do pai interrompeu sua estada na Europa e o trouxe de volta ao Brasil. Os compromissos que o barão de Vila Bela assumira com o pai, comprometendo-se a apoiar a candidatura de Joaquim Nabuco para deputado, foram mantidos, apesar da grande oposição em seu próprio partido. Os liberais de Pernambuco não confiavam naquele moço elegante, que até então não dera nenhuma prova de que na Câmara seria um adequado representante das elites locais. Mais desconfiados ainda ficariam quando Nabuco, em um discurso pronunciado no Teatro Santa Isabel, disse que a grande questão para a democracia brasileira era a escravidão. O público presente recebeu essa declaração com uma vaia.

Apesar da má vontade de muitos, Nabuco, graças ao prestígio de sua família e à proteção do barão de Vila Bela, conseguiu ser eleito, embora por pequena margem. Chegava ao Parlamento, como deputado por Pernambuco, na 17ª legislatura (1878-81), com vários de seus antigos colegas da Faculdade de Direito, entre os quais um jovem baiano que também viria a se distinguir na campanha abolicionista: Rui Barbosa.

Na Câmara, Nabuco teve uma estréia bem-sucedida. Descobriu uma nova vocação: a de orador. Encantou as galerias com suas palavras em favor das causas progressistas, entre elas a abolição. Sua retórica brilhante criou-lhe grande reputação. Sua posição no Parlamento dava aos abolicionistas uma tribuna privilegiada. A imprensa abolicionista o aclamava. Na *Gazeta da Tarde*, José do Patrocínio, famoso mulato abolicionista, transformava Nabuco em herói. Nabuco, um descendente dos Paes Barreto, importante oligarquia pernambucana, filho e neto de senadores, apresentara-se ao Parlamento como o defensor dos escravos!

A identificação de Nabuco com o abolicionismo estava feita. Com outros líderes abolicionistas, fundou no Rio de Janeiro a Sociedade Brasileira contra a Escravidão.

A fim de obter o apoio das associações abolicionistas internacionais, Nabuco viajou para a Europa. Ninguém mais qualificado do que ele para tal missão. Por onde passava, era recebido com honras de um líder. Que diferença entre o jovem que anos antes buscara ansioso o convívio dos intelectuais como Renan e George Sand, deles recebendo apenas uma atenção benevolente, e o deputado, arauto de uma causa justa e universalmente aprovada, que por todas as partes era recebido com deferência e respeito. Em Lisboa, Madri, Paris e Londres as sociedades abolicionistas homenagearam Nabuco e lhe conferiram honrarias que a imprensa abolicionista no Brasil se apressou em divulgar.

Os escravistas não perdoariam a Nabuco essa identificação com o abolicionismo. Em 1881, por ocasião das novas eleições para a Câmara, Nabuco, assim como outros candidatos abolicionistas, enfrentou terrível oposição.

Os fazendeiros controlavam de modo suficiente o eleitorado para impedir a volta desses radicais ao Parlamento: pelo menos temporariamente, até que os abolicionistas pudessem mobilizar outros setores da opinião pública.

Desconsolado com os resultados das eleições, Nabuco mais uma vez viajou para Londres, onde permaneceu por algum tempo como correspondente do *Jornal do Commercio*. Nas horas que lhe sobravam, dedicou-se a escrever o livro que lhe daria fama: *O abolicionismo*, publicado em 1883, recebido com grande alarde pelos jornais abolicionistas, sobretudo a *Gazeta da Tarde* e a *Gazeta de Notícias*, onde tinha vários amigos. O livro

"Abolição.
Não recuar, não parar, não precipitar.
Libertação dos velhos escravos."

"Que os ventos lhe sejam sempre favoráveis, é o que desejanmos." *Revista Ilustrada*, ano 9, n.384, 22 de junho de 1884, p.1.

era um libelo contra a escravidão. Quarenta anos antes, um autor, atualmente esquecido, Francisco Cesar Burlamaque, dissera o mesmo sem que suas palavras provocassem nenhuma reação. Mas os tempos haviam mudado, e o livro de Joaquim Nabuco teria grande sucesso nos meios abolicionistas.

Enquanto Nabuco permanecia em Londres, a campanha abolicionista progredia no Brasil. André Rebouças, José do Patrocínio, Joaquim Serra, João Clapp e muitos outros promoviam conferências, organizavam festas, escreviam panfletos e artigos em favor da abolição. Em todas as capitais do país formavam-se grupos e associações abolicionistas. Em algumas províncias, o movimento tomara vulto, sobretudo no Ceará, no Amazonas e no Rio Grande do Sul.

"A Abolição na provincia do Rio Grande do Sul anda a todo galope! Não admira. Nessa enthusiastica provincia não se anda d'outro modo. Viva o povo Rio Grandense! Vivaaaaaaaaa...!" *Revista Ilustrada*, ano 9, n.389, 31 de agosto de 1884, p.1.

"O movimento abolicionista accentua-se cada vez mais e o Club dos libertos de Nictheroy à testa do qual se acha o patriotico cidadão Clapp, dêo uma prova patente de que a idéa caminha, não só pelas ruas, mas tambem pela cabeça de muita gente." *Revista Ilustrada*, ano 7, n.292, 25 de março de 1882, p.4.

Na capital do Império, os amigos de Nabuco desejavam sua volta. Contavam com ele para reforçar a campanha. Tanto mais que Manuel Pinto de Souza Dantas que se tornara presidente do Conselho comprometera-se com o imperador a reabrir a questão da emancipação no Parlamento.

O novo ministro não era, como vimos, propriamente um abolicionista, mas reconhecia ser impossível ignorá-los. No discurso de apresentação de seu programa à Câmara, declarara ser sua intenção discutir a emancipação dos escravos de forma prudente e de maneira a atender tanto aos sentimentos generosos e às "aspirações humanitárias" quanto aos "direitos respeitáveis da propriedade".

"É dever imperioso do Governo, auxiliado pelo Poder Legislativo fixar a linha até onde a prudência nos permite e a civilização nos impõe chegar..." — afirmou Dantas. "Não retroceder, nem parar, nem precipitar", era seu lema.

Tratava-se, pois, mais uma vez, de uma posição conciliadora. O Ministério propusera um projeto de modesto alcance, tentando conciliar aboliconistas e proprietários de escravos. Sugerira medidas que impedissem o deslocamento da população escrava de uma província para outra, aumento do fundo de emancipação e libertação dos escravos que atingissem ou tivessem atingida a idade de sessenta anos. Apesar dos esforços do Ministério para obter o apoio da Câmara, esta lhe negara confiança, o que determinara a dissolução da Câmara e a convocação de novas eleições.

As eleições seriam disputadíssimas. Nabuco voltava para participar delas com a auréola de um mito que os abolicionistas ajudavam a criar. André Rebouças encarregou-se de lhe preparar calorosa recepção. Tudo era pretexto para atrair a atenção pública para a causa da abolição. Cada vez mais crescia a reputação de Nabuco que concorreria às eleições como candidato abolicionista. No entanto, apesar dos esforços dos abolicionistas e do próprio Nabuco — que, segundo se diz, teria ido de casa em casa em seu distrito em Recife para solicitar votos —, conseguiu apenas um lugar de suplente na legislatura de 1885, a qual foi de curta duração. Voltaria à Câmara na legislatura seguinte, 1886-89.

A eleição de Nabuco deveu-se, em grande parte, ao voto das populações urbanas do Recife. O povo enfrentou as oligarquias e votou no candidato abolicionista. A maioria da população urbana, no entanto, se bem que simpática ao abolicionismo, não tinha direito a voto. Por isso, foi difícil aos candidatos abolicionistas ganharem as eleições. O voto continuava, em grande parte, nas mãos das elites tradicionais, não obstante a reforma eleitoral de 1881, que, entre outras coisas, visara a dar maior peso ao eleitorado urbano. Depois da reforma, o número total de votantes era ainda *menor* do que nos anos anteriores. Nas eleições de 1886, para a vigésima legislatura, votaram apenas 117.671 pessoas em uma população de 14 milhões.

Não obstante sua limitada representatividade caberia a esse Parlamento encaminhar a questão dos escravos. Nabuco continuaria no Parlamento sua campanha em favor da emancipação, não descansando até a vitória final, em 1888. Mas durante toda a campanha deixou sempre claro que não era favorável à mobilização dos escravos. Para ele, como para Rebouças, a abolição devia ser feita pelo Parlamento. "É no Parlamento e não em fazendas ou quilombos do interior, nem nas ruas e praças das cidades que se há de ganhar ou perder a causa da liberdade", escrevia ele em 1883. Seriam, no entanto, as rebeliões das senzalas e o trabalho dos abolicionistas anônimos que dariam o golpe de morte na instituição e tornariam possível a vitória da causa abolicionista no Parlamento.

A historiografia consagraria o nome de Joaquim Nabuco, Luiz Gama, Patrocínio, da princesa Isabel e do imperador. A estes caberiam os louros da vitória, mas, ao lado destes, havia muitos outros, cujos nomes a história não registrou: heróis anônimos da abolição.

Comparando-se a vida de Joaquim Nabuco, Luiz Gama, Rebouças e muitos outros líderes abolicionistas recrutados entre as elites a qual pertenciam ou por direito de nascença como Nabuco ou por direito adquirido como Gama, verifica-se que, apesar das diferenças, eles têm muito coisa em comum se bem que proviessem de camadas sociais diversas. Todos pertenceram mais ou menos à mesma geração, tendo iniciado sua vida pública na década de 1870, durante o período de ostracismo do Partido Liberal, quando o movimento reformista tomou ímpeto. Todos, de uma forma ou de outra, foram afetados pelo discurso reformista que se constituiu nessa época em resposta às transformações econômicas e sociais ocorridas na segunda metade do século e em razão da crise política desencadeada em 1868 com a queda do Gabinete Zacarias. Todos foram vítimas dos altos e baixos da política. Seu sucesso ou insucesso dependeu do apadrinhamento que receberam ou deixaram de receber, por parte das oligarquias no poder. Todos mantiveram com as oligarquias uma relação ambígua, encontraram no abolicionismo não só uma forma de identificação como uma arma de ataque às oligarquias. Para uns, o abolicionismo foi tema de inspiração; para outros, instrumento político. Para uns o abolicionismo deu um público; para outros, um eleitorado. Para todos foi um modo de condenar o "atraso e a ignorância" da sociedade brasileira e de se identificarem com a causa do "progresso e da civilização" européia. Fazendo-se abolicionistas, eles se faziam arautos do "progresso" no Brasil. Se seu papel foi importante no movimento abolicionista talvez mais importante foi aquele desempenhado por um sem-número de indivíduos brancos, negros e mulatos, livres e escravos que lutaram anonimamente pela abolição.

CAPÍTULO 9

HERÓIS ANÔNIMOS. O PROTESTO DO ESCRAVIZADO. A ABOLIÇÃO

Ao iniciar a década de 1880, o abolicionismo entrou em uma fase insurrecional. A princípio de forma quase espontânea, depois de modo organizado. Surgiram sociedades secretas cujo fito principal era instigar a rebelião das senzalas e promover a fuga dos escravos. Entre tais organizações, estão o Clube do Cupim em Recife e os caifazes em São Paulo. Faltam, no entanto, estudos sobre organizações desse tipo em outras regiões do país. A descrição das atividades dos caifazes nos permite, até certo ponto, imaginar o que se passava em outras áreas.

Os caifazes

Os caifazes foram organizados por Antônio Bento, filho de um farmacêutico, nascido em São Paulo, em 1841. Bento freqüentara a Faculdade de Direito e depois de formado fora juiz de paz e juiz municipal. Nos cargos que ocupou, procurou sempre defender os escravos seguindo os passos de Luiz Gama. Profundamente religioso, colocou a religião a serviço dos escravos e de sua emancipação. Desde jovem, participou do movimento abolicionista. Organizou uma sociedade secreta com sede na confraria dos homens negros da Igreja Nossa Senhora dos Remédios, em São Paulo. Aí reunia um grupo de pessoas pertencentes às mais variadas camadas sociais: negociantes como Abílio Soares e Costa Moreira, farmacêuticos como Luis Labre e João Cândido Martins, advogados, jornalistas, operários, cocheiros, artesãos e estudantes da Faculdade de Direito, brancos, negros e mulatos. Em seu jornal, A *Redempção*, concitava o povo a combater a escravidão com todos os meios de que dispunha.

Os caifazes denunciavam pela imprensa os horrores da escravidão, defendiam na Justiça a causa dos escravos, faziam atos públicos em favor da sua emancipação, coletavam dinheiro para alforrias e protegiam escravos fugidos. Suas atividades não paravam aí. Perseguiam também aos capitães-de-mato incumbidos de apreender escravos fugidos, sabotavam a ação policial e denunciavam os abusos cometidos por senhores, expondo-os à condenação pública. Procuravam, ainda por intermédio da imprensa e da propaganda, manter a população constantemente mobilizada.

Os caifazes operavam tanto em São Paulo quanto no interior das províncias instigando os escravos a fugir, fornecendo-lhes os meios; protegendo-os durante a fuga. Retiravam-nos das fazendas onde viviam, para empregá-los em outras como assalariados. Encaminhavam-nos para pontos seguros, onde poderiam escapar à perseguição de seus senhores. Um desses lugares era o famoso Quilombo Jabaquara que se formara nos morros dos arredores de Santos. Este quilombo chegaria a reunir mais de 10 mil escravos fugidos.

Senhores e escravos

A fuga de escravos não era algo novo. Desde os primórdios da escravidão, a fuga fora uma forma de protesto do escravo. Durante todo o período colonial, as autoridades viram-se às voltas com escravos fugidos. Para persegui-los, foi criado o cargo de capitão-de-mato. A legislação portuguesa procurara, de todas as maneiras, coibir os escravos. Proibia-lhes o porte de armas, restringia-lhes os movimentos, impedindo que saíssem às ruas sem permissão por escrito dos senhores. Punia os que fizessem transações de qualquer natureza com os escravos (como comprar ou vender-lhes quaisquer mercadorias, alugar-lhes quartos) sem prévia autorização dos senhores. Ainda mais severas eram as punições que recaíam sobre os escravos rebeldes ou quem os acobertasse. Apesar de todas essas medidas repressivas, a crônica do período colonial está cheia de casos de escravos fugidos, quilombos e levantes de escravos.

As camadas senhoriais viveram sempre com a impressão de que os escravos constituíam uma ameaça à sua segurança e de que era preciso não só vigiá-los atentamente, como punir, com severidade, os culpados, a fim de evitar que a indisciplina se generalizasse. A violência era um elemento essencial ao sistema escravista. Embora não fosse suficiente para manter os escravos sob controle, sobretudo em uma época em que eles constituíam a grande maioria da população em certas áreas. Por isso, os senhores foram obrigados a inventar outras formas de controle. Procuraram assegurar a fidelidade dos escravos por um sistema de recompensas, entre as quais a promessa de alforria, em caso de bom comportamento.

Relações ambíguas e contraditórias uniram senhores e escravos. Violência e afeição, da parte de senhores, traição e lealdade, da parte dos escravos, eram sentimentos que com freqüência se alternavam. Se os senhores conheceram a revolta do escravo, também conheceram exemplos de devoção e lealdade aos quais procuravam recompensar generosamente como um estímulo para que o exemplo fosse seguido. Não foram poucos os casos de escravos que se mostraram mais leais aos seus patrões do que aos seus irmãos de sorte. Muitas conspirações de escravos se frustraram pela denúncia de um escravo, que colocou sua lealdade ao senhor acima da lealdade à sua própria classe. Alguns dos que assim traíram aos homens de sua raça foram consagrados pela historiografia como heróis. Tal foi o caso do famoso Henrique Dias, que a história nos apresentou como herói nas lutas contra os holandeses, mas esqueceu de mencionar que, entre as provas de lealdade pela qual foi recompensado, estavam suas campanhas contra os quilombos. Na galeria dos homens ilustres do período colonial escrita por Domingos Loureto Couto, em 1767, figuram não só Henrique Dias como também os filhos de Gangazumba, um dos reis dos Palmares. Aparecem entre os homens ilustres do período colonial porque lutaram ao lado dos portugueses contra seus irmãos sublevados.

Tudo isso significa que, se houve escravos rebeldes, também houve acomodados. A maioria dos escravos parece terse acomodado bem ou mal à escravidão. Se não fosse assim, a escravidão provavelmente teria sido destruída como instituição muito antes do que foi. No período colonial, no entanto, não só as revoltas eram violentamente reprimidas como os próprios escravos não se encontravam em condições de projetar e organizar uma rebelião de grandes proporções, que pudesse levar à destruição do sistema escravista.

O escravo e o abolicionismo

No século XIX, no entanto, a situação era outra. O abolicionismo deu uma nova dimensão à revolta do escravo. Deu a ele uma nova percepção de si mesmo, ao mesmo tempo que criou uma opinião pública mais favorável aos escravos. Conferiu ao protesto do escravo uma dignidade jamais reconhecida, dando a seu gesto um significado político novo. Concedeu legitimidade à sua revolta e negou legitimidade ao sistema escravista. Tornou a escravidão um crime e absolveu o crime do escravo. Fez do senhor um algoz e do escravo, uma vítima.

O abolicionismo deu força ao escravo e forneceu-lhe meios que jamais tivera. Graças à campanha abolicionista foi possível aos escravos encontrarem juízes decididos a julgá-los com imparcialidade, advogados dispostos a defendê-los, uma população inclinada a encará-los com simpatia e a conferir-lhes proteção e apoio. Finalmente o abolicionismo forne-

"Enquanto no parlamento só se discursa e nada se resolve, os pretinhos raspam-se com toda a ligeireza. Os lavradores mal podem segurá-los." *Revista Ilustrada*, ano 12, n.466, 30 de setembro de 1887, p.4.

ceu aos escravos uma ideologia que, ao mesmo tempo que justificava a revolta deles, condenava a repressão.

É preciso não esquecer, no entanto, que a campanha abolicionista só foi possível porque as condições de produção tinham-se modificado no decorrer do século XIX, de forma a tornar o trabalho escravo cada vez mais irrelevante na escala nacional (se bem que este continuasse essencial para muitos fazendeiros). Não fossem também as transformações que tornaram possível formular um projeto alternativo para resolver o problema da mão-de-obra, o abolicionismo provavelmente teria sido impossível. Por outro lado, a campanha abolicionista teve grande impacto nas condições de produção. À medida que conquistou a opinião pública e conseguiu pequenas vitórias no Parlamento, contribuiu para que o trabalho escravo se tornasse cada vez mais oneroso e a escravidão cada vez mais desmoralizada aos olhos da maioria da população. Foi só então que a revolta dos escravos assumiu legitimidade.

Foi assim que na década de 1880, instigados pelos abolicionistas, os escravos começaram a fugir cada vez em maior número das fazendas. Esse fenômeno foi particularmente significativo nas regiões cafeeiras paulistas, onde os abolicionistas eram mais ativos.

"A lavoura e os actuaes libertos.
— Uê! Honte tanta lambada p'ra trabaiá, e hoje só dinheiro e adulação. Eh! Eh!" *Revista Ilustrada*, ano 15, n.499, 21 de junho de 1888, p.6.

Classes subalternas

Há, nesse período, freqüentes referências à agitação das camadas baixas da sociedade e ao apoio que dão aos escravos. De fato, pesquisas históricas têm demonstrado que entre os abolicionistas havia imigrantes, negros livres ou libertos — homens e mulheres das mais variadas proveniências e camadas sociais. Constituíram a massa dos incógnitos que tanto contribuíram para a desorganização do trabalho nas fazendas e para o avanço do processo abolicionista. No Rio de Janeiro, por exemplo, tiveram importante papel os capoeiras que se colocaram a serviço dos abolicionistas, dando-lhes proteção e promovendo agitação de rua. Se bem que houve também capoeiras contratados pelos escravistas.

Em São Paulo, não foram poucos os imigrantes portugueses, italianos e alemães que foram detidos pela polícia por estarem instigando os escravos à revolta. Imigrantes foram apanhados nas fazendas discutindo o direito de propriedade e incitando os escravos à fuga. Alguns eram colonos que haviam sido contratados. Outros eram mascates que viajavam pelo interior da província vendendo suas mercadorias de fazenda em fazenda, ao mesmo tempo que espalhavam idéias abolicionistas. Outros ainda eram donos de vendas de estrada, onde os escravos faziam suas pequenas transações. Havia ainda alguns que eram operários nas construções de ferrovias ou ferroviários. Uma grande variedade de tipos encontram-se entre os que foram denunciados pelos proprietários e detidos pela polícia como agitadores. Com o avanço da campanha abolicionista, o número destes cresceu: "Hoje não há a temer só os escravos" — dizia o delegado de Campinas — "mas também os especuladores que os excitam".

Contando com a simpatia e a cumplicidade de amplos setores da população, os escravos se tornaram cada vez mais ousados. A partir de 1884, era comum, em São Paulo, bandos de negros perambulando pelas ruas das cidades, desafiando as autoridades, arrancando escravos das mãos dos capitães-de-mato, invadindo trens com o fim de libertar escravos de seus senhores. A audácia dos agitadores crescia na medida de sua impunidade. A imprensa abolicionista louvava essas ações. A imprensa escravista condenava-as com virulência e pedia medidas repressivas que contivessem a insurreição. Os fazendeiros solidarizavam-se com a polícia; o povo, com os escravos.

Com o passar do tempo, tornou-se cada vez mais difícil reprimir as demonstrações de solidariedade aos escravos. As populações urbanas vaiavam a polícia, faziam demonstrações em frente às cadeias exigindo a soltura de escravos e protestando contra a repressão policial. Até mesmo a polícia e o Exército começavam a dar sinais de desrespeito à hierarquia. Soldados desobedeciam às autoridades superiores e solidarizavam-se com os abolicionistas.

Desrespeito e desmoralização

Típico foi um caso ocorrido em Campinas. Um capitão, de nome Colatino, famoso por suas ações contra escravos, enviara, a pedido, um destacamento de 34 praças de linha, com armas embaladas para uma fazenda vizinha, a fim de conter escravos sublevados. No caminho, os soldados encontraram-se com grande número de homens, mulheres e crianças pertencentes a Antônio Pinto Ferraz, que tinham abandonado a fazenda, queixando-se de maus-tratos. Os escravos foram imediatamente presos e conduzidos à cadeia de Campinas, na calada da noite, provavelmente para evitar manifestações contrárias de parte dos abolicionistas.

"O Corpo policial da provincia do... Sr. Paulino, ao serviço de negreiros campistas, attaca de modo selvagem a typographia do jornal abolicionista 'Vinte cinco de Março', destruindo todo o material. Os abolicionistas defendem-se com toda a coragem contra os vandalos, travam grande lucta, havendo ferimentos de parte a parte." *Revista Illustrada*, ano 12, n.469, 29 de outubro de 1887, p.8.

No dia seguinte, vários escravos foram reconduzidos à fazenda, acompanhados por soldados armados de baioneta calada. Grande multidão aglomerou-se junto à porta da cadeia, condenando o procedimento da polícia. Na ocasião, houve violenta troca de palavras entre o capitão e a turba.

O conflito não terminou aí. Um jornalista abolicionista, Henrique de Barcellos, desencadeou pela imprensa uma campanha contra o capitão Colatino, acusando-o de invadir domicílios de cidadãos pacíficos, à cata de escravos fugidos. Os fazendeiros, por seu lado, considerando-se bem servidos pelo capitão, imediatamente apoiaram-no. O povo da cidade por sua vez aplaudiu o jornalista. Em um afrontoso gesto de desobediência e desrespeito à hierarquia militar, dois oficiais do destacamento comandado pelo capitão Colatino aderiram à manifestação em favor do jornalista. Em conseqüência, ambos foram presos e enviados ao Rio de Janeiro, onde foram recolhidos à prisão militar de Santa Cruz. Ali receberam calorosa demonstração de solidariedade por parte dos abolicionistas, cada vez mais numerosos entre as fileiras do Exército.

Episódios como este revelavam que a escravidão tinha seus dias contados. Os fazendeiros estavam cada vez mais isolados e as autoridades cada vez mais impotentes (senão coniventes) diante da insurreição que parecia crescer a cada dia.

Também na capital do país, os incidentes, revelando o grau de desmoralização a que a instituição tinha chegado, multiplicavam-se. As confrontações entre abolicionistas e escravistas repetiam-se dia-a-dia. A polícia fazia o que podia para reprimir a ação abolicionista. Em agosto de 1887, uma multidão que se reuniu no Teatro Polytheama, para protestar contra algumas medidas impopulares adotadas pelo governo, foi atacada com bombas por uma malta de capoeiras contratados para dissolver comícios abolicionistas.

Coelho Bastos, chefe da polícia, aproveitou-se da oportunidade para proibir as reuniões públicas à noite. Um comício organizado no dia seguinte para protestar contra essa decisão foi dissolvido pela polícia. Os abusos da polícia não pararam aí. Os ataques à *Gazeta da Tarde*, jornal abolicionista, sucediam-se um após outro e havia quem dissesse que atrás deles estavam agentes pagos pelo governo.

Sérios incidentes ocorreram também na região de Campos, onde manifestações de escravos foram brutalmente reprimidas pela polícia. Um jornal abolicionista local, o *Vinte Cinco de Março*, teve sua redação invadida pela polícia. A sede da *Gazeta do Povo* também foi invadida. A estratégia da polícia era a mesma por toda parte. Procurava desmantelar a imprensa abolicionista, que via como responsável pela agitação dos escravos. Redatores e impressores eram intimidados de várias maneiras e, quando a intimidação não surtia resultado, eram fisicamente agredidos. Quando o povo se reunia para protestar contra os abusos cometidos pela polícia, esta dissolvia os comícios à bala. Às vezes, inocentes participantes eram mortos, como aconteceu em Campos, onde uma mulher negra foi morta durante um comício. Incidentes desse tipo davam ainda mais vigor à campanha abolicionista e desmoralizavam ainda mais as autoridades repressivas, conferindo aos abolicionistas maior legitimidade aos olhos do povo.

Conflitos desse tipo repetiam-se em vários pontos do país. Cada vez ficava mais evidente que a abolição era uma causa popular. E uma causa popular não se derrota facilmente. Mais difícil ainda é derrotá-la quando o povo conta com o apoio de alguns setores das classes dominantes.

Alforrias

A maioria dos fazendeiros continuava resistindo à abolição, pois ela significaria a perda de seus capitais. Muitos, no entanto, como já vimos, começavam a perceber que a situação se tornava cada vez mais insustentável. Alguns chegaram à conclusão de que só a abolição viria a pôr um paradeiro à desorganização do trabalho e à agitação. Preocupados com a fuga de escravos, um grande número apressou-se em conceder alforria condicional. Os escravos eram emancipados, mas assumiam a obrigação de trabalhar nas fazendas por um período que variava de dois a cinco anos. Às vezes, as alforrias eram concedidas em troca da promessa de que o escravo faria a colheita. Outras vezes, premidos pelas circunstâncias e atemorizados com a perspectiva de perderem toda a safra, os fazendeiros davam liberdade incondicional aos escravos, na esperança de que estes continuassem nas fazendas.

Em conseqüência, o número de alforrias aumentou rapidamente a partir de 1886. Em São Paulo, a matrícula de 30 de março de 1887 registrava apenas 107.329 escravos. Dois anos antes ela fora de mais de 150 mil. Em menos de um ano, as coletorias tinham registrado 40 mil alforrias, sem falar nas que não tinham ainda sido registradas. A esses números deve-se somar o de escravos fugidos, para que se possa ter uma idéia da gravidade da situação que os fazendeiros paulistas enfrentavam. Ficava cada vez mais claro que a situação era insustentável.

"A abolição, felizmente, vai colhendo os melhores resultados! São innumeraveis as libertações em massa, que, diariamente, honram os fazendeiros que as concedem." *Revista Ilustrada*, ano 13, n.495, 28 de abril de 1888, p.4.

A vitória dos abolicionistas

Apesar de tudo, alguns fazendeiros esperavam ainda poder deter a marcha do processo; recorrendo à força policial e à repressão. Insistiam com o governo para que tomasse medidas para reprimir a agitação. Outros, no entanto, mais sensatos, chegaram à conclusão de que a melhor solução era a abolição. Por toda parte, no ano de 1887, os fazendeiros se reuniram para discutir a situação e propor soluções.

Fazendeiros de Campinas e Itu encaminharam a Andrade Figueira, conhecido representante dos interesses escravistas na Câmara dos Deputados, uma representação assinada por mais de cem pessoas expressando sua preocupação. Tal era a agitação, diziam eles, que já não podiam confiar na prudência e muito menos nos minguados recursos legais da província. Depois de estranhar a atitude do governo provincial que, na sua opinião, não agia para impedir que os escravos fugidos se refugiassem em Cubatão, solicitavam que fossem tomadas "medidas enérgicas e prontas" a fim de serem restituídos a seus senhores esses negros fugidos e de serem contidos os "excessos criminosos dos anarquistas e oradores de *meetings*".

Na mesma ocasião em que Andrade Figueira apresentava à Câmara essa representação, Afonso Celso trazia à Câmara outra representação escrita sob inspiração bastante diversa. Reconhecia-se que as autoridades estavam impotentes para reprimir os abusos. As populações que possuíam escravos eram uma minoria insignificante e a maioria assistia com indiferença à violação da propriedade escrava. Assim, o poder público sentia-se fraco para manter uma instituição odiosa "que somente a necessidade de uma classe justificava". Considerando que a resistência às idéias da abolição só produzia efeitos contrários e que os lavradores iam, pouco a pouco, perdendo o apoio moral das populações que não possuíam escravos, recomendava que se fizessem concessões, pois o que não fosse concedido de modo espontâneo, provavelmente seria arrancado à custa de conflitos e desvarios populares. Terminava por sugerir que todos os lavradores proprietários de escravos concedessem liberdade condicional a seus escravos, com cláusula de prestação de serviços até 31 de dezembro de 1890.

Durante o ano de 1887, o Partido Republicano paulista, que receoso de perder o apoio dos fazendeiros evitara se definir em relação à questão da emancipação dos escravos alegando sempre que era uma questão de responsabilidade dos partidos monarquistas, mudou de tática... Decidiu-se a apoiar, publicamente, um projeto de lei libertando os escravos até 14 de julho de 1889, ocasião do centenário da Tomada da Bastilha, símbolo da Revolução Francesa de 1789. Também em 1887, a Igreja se manifestava abertamente em favor da abolição. Em novembro de 1887, alguns fazendeiros reuniram-se em São Paulo com o propósito de criar uma associação que promovesse a emancipação dos escravos. Pouco depois, um número ainda maior de fazendeiros voltou a se encontrar na capital paulista, propondo a abolição para daí a três anos.

"Afinal, os bispos do imperio não podem mais conter a sua indignação diante das torturas inflingidas aos miseros escravisados!" *Revista Ilustrada*, ano 12, n.471, 12 de novembro de 1887, p.6.

Chegou-se, assim, ao ano de 1888. Muita gente ainda não acreditava que a abolição viesse a ser decretada tão cedo. Entre eles, Joaquim Nabuco. Tanto mais que um projeto apresentado por Afonso Celso no ano anterior, fixando data para a abolição da escravatura em 1890, tinha encontrado maciça oposição por parte dos deputados do Rio de Janeiro e de São Paulo. Nada parecia indicar que o momento da vitória estivesse tão próximo. Um novo projeto apresentado por Jaguaribe não encontrara número para votação. O Ministério parecia decidido a manter a questão no pé em que estava, sem nenhuma alteração. Contudo, enquanto o Parlamento continuava aparentemente imobilizado, a abolição se fazia nas cidades e nos campos, à margem da lei. Ao iniciar-se o ano de 1888, o Ministério Cotegipe enfrentou séria crise e o ministro foi levado a renunciar. A 7 de março de 1888, João Alfredo Correia de Oliveira, político liberal, era chamado pela princesa Isabel, então regente, para constituir um novo Gabinete. O presidente do novo Conselho de Ministros, ao apresentar-se à Câmara, anunciou seu propósito de encaminhar uma proposta de lei abolindo a escravidão. A declaração do ministro foi recebida com prolongados aplausos pelas galerias.

"A Confederação abolicionista não sabendo mais para que terreno appellar, escolheu o Campo da Acclamação e convidou o povo, em pleno sol. Ahi, o governo quiz dar uma prova de seu respeito ao direito de reunião, mandando dispersar o povo a patas de cavalo. Viva a Constituição!" *Revista Ilustrada*, ano 12, n.462, 13 de agosto de 1887, p.8.

Na *Fala do Trono*, por ocasião da abertura da Câmara dos Deputados a 3 de maio de 1888, a princesa Isabel dizia:

> A extinção do elemento servil pelo influxo do sentimento nacional e das liberdades particulares, em honra do Brasil, adiantou-se pacificamente de tal modo que é hoje aspiração aclamada por todas as classes com admiráveis exemplos de abnegação da parte dos proprietários.
>
> Quando o próprio interesse privado vem espontaneamente colaborar para que o Brasil se desfaça da infeliz herança que as

> necessidades da lavoura haviam mantido, confio que não hesitareis em apagar do direito pátrio a única exceção que nele figura em antagonismo com o espírito cristão e liberal de nossas instituições.

Cristianismo e liberalismo que durante muito tempo tinham coexistido com a escravidão haviam-se tornado, aos olhos de todos, incompatíveis com ela.

Dez dias depois, a 13 de maio de 1888, a princesa assinava a lei que extinguia a escravidão em todo o país. A lei vinha, como bem observou mais tarde o presidente da província de São Paulo, "selar um fato consumado".

"A vista do topico da Falla do Throno, que diz – Confio que não hesitareis em apagar do direito patrio a infeliz herança etc., etc. – esperamos que o parlamento empregue todo o enthusivismo, uma bôa esponja e todos os ingredientes necessarios para fazer desapparecer, para sempre, essa hedionda mancha." *Revista Ilustrada*, ano 13, n.496, 5 de maio de 1888, p.1.

CAPÍTULO 10

DEPOIS DO FATO

A 13 de maio, os escravos eram finalmente emancipados. Nas ruas, o povo celebrou a vitória. "Foi o único delírio popular que me lembro de ter visto", disse Machado de Assis, descrevendo as manifestações populares.

O processo que conduziu a esse festivo desenlace fora, no entanto, longo e difícil. Para nós, atualmente, parece possível atribuir-lhe um sentido, uma direção e uma lógica. Para aqueles que participaram desse processo, ele foi muitas vezes incompreensível, cheio de incertezas, angústias e frustrações. Isso foi verdade tanto para os abolicionistas quanto para os que se opuseram à abolição.

As celebrações de 13 de maio fizeram que as cenas de violência que precederam a abolição fossem esquecidas. Os vinte anos de campanha parlamentar em favor da emancipação, os acalorados debates que terminavam sempre em um compromisso do qual o escravo pouco se beneficiava, os conflitos, por vezes sangrentos, a perseguição aos abolicionistas, o terror e a ira dos proprietários, tudo isso ficou esquecido. A 13 de maio, a abolição aparecia como uma vitória dos abolicionistas, uma dádiva da princesa Isabel, um ato generoso do Parlamento, uma conquista do povo, mas, acima de tudo, como um *preito de homenagem prestado à civilização do século*. As contradições que tinham empurrado o processo ocultavam-se por trás de uma conclusão bem-sucedida.

Os louvores e as aclamações abafaram os protestos daqueles para quem a abolição significaria a ruína. No meio da alegria geral era impossível se ouvir a voz dos fazendeiros cujas fortunas já estavam abaladas, as fazendas, hipotecadas, e que tinham tentado, até o último instante, impedir o processo. Os fazendeiros viram a abolição sob um prisma diferente. Culparam o imperador pelo apoio que dera à causa da emancipação. Acusaram os abolicionistas de irresponsáveis e o governo de imprevidente. Ressentidos com a abolição, muitos aderiram ao Partido Republicano.

Cinqüenta anos depois, ainda era possível ouvir o eco dessas vozes. Os abolicionistas "eram os comunistas de hoje, sempre prontos a repartir o alheio", diria uma descendente de senhores de escravos. "A Lei de 13 de maio, se foi humanitária para o escravo, não deixou de ser desumana para os senhores", dizia o filho de um fazendeiro, cuja fortuna, avaliada em mais de 100 contos de réis em 1885, ficou reduzida a 30 contos de réis depois da abolição.

Hoje, um século depois, sopitadas as paixões do passado, é possível reconstituir o processo com maior clareza. Nem a vontade de um punhado de homens, nem *a força de uma idéia*, nem o apoio do imperador são suficientes para explicar a abolição. Fatores os mais diversos contribuíram para que esta fosse possível. Alguns tinham a ver com as transformações ocorridas no plano mundial: o desenvolvimento do capitalismo e a Revolução Industrial condenaram a escravidão como forma de trabalho. Antes mesmo de a Abolição ter-se tornado uma aspiração nacional, a escravidão fora condenada, tanto do ponto de vista econômico quanto do ponto de vista moral, nos países mais desenvolvidos. O Brasil era, na segunda metade do século XIX, um dos poucos países onde ainda havia escravos. Mas, nessa época, a escravidão passara a ser identificada com *ignorância* e *atraso* e a emancipação, com *progresso* e *civilização*.

Tão importantes quanto as transformações ocorridas no exterior, foram as transformações pelas quais passara o país. Estas contribuíram para tornar a escravidão uma forma de trabalho superada em várias regiões.

Na década de 1880, grande número de proprietários de escravos tinha encontrado fontes alternativas de mão-de-obra. Se bem que a maioria continuasse a defender a instituição, porque o escravo ainda representava um capital que não queriam perder, podiam encarar a abolição mais calmamente do que seus antepassados que cinqüenta anos antes se tinham oposto à suspensão do tráfico de escravos. Nas décadas anteriores à abolição, alguns fazendeiros tinham até se tornado adeptos do trabalho livre.

Com o passar do tempo, o grupo dos que se opunham a qualquer mudança tornara-se cada vez menor. Haviam surgido na sociedade grupos menos vinculados à escravidão e mais inclinados a dar ouvidos à propaganda abolicionista. Para estes, a campanha em favor da abolição seria um instrumento na luta contra as oligarquias com as quais mantinham relações cada vez mais ambíguas. Nesse sentido, a campanha abolicionista pode ser vista como expressão da luta de classes que se travava no país no fim do século XIX. Para os intelectuais, o abolicionismo foi fonte de inspiração. Para os políticos, um instrumento de ascensão política. O abolicionismo deu ao intelectual um público e ao político, um eleitorado.

O discurso abolicionista unificou os grupos mais diversos e deu expressão aos interesses mais variados. A conivência de amplos setores da sociedade permitiu às camadas populares e aos escravos se mobilizarem na luta contra a escravidão. Foi essa mobilização que levou à aprovação da Lei Áurea. Nesse sentido, esta foi, como bem registrou um jornalista do tempo, uma vitória do povo e — poderíamos acrescentar — uma conquista dos negros livres e escravos.

Estes, no entanto, não escreveram a sua história. Por isso, foi contada por outros. A história que se acabou por fixar nos livros didáticos valorizou a ação parlamentar e as leis abolicionistas. Estas foram descritas como dádivas das classes dominantes. Heróis foram os que, em um país onde apenas 30% da população era alfabetizada, tinham o privilégio de saber escrever e puderam contar sua própria história. Ignorado ficou um sem-número de devotados abolicionistas, brancos, negros e mulatos — heróis anônimos da nossa história sem os quais a abolição jamais teria sido conquistada.

"A Revista durante os festejos commemorativos da Abolição.

— Faltariamos à mais sagrada das chapas se, antes de encetarmos a reproducção dos festejos, não gravassemos, n'esta primeira pagina, os nossos agradecimentos a todas as sociedades, corporações e classes, que tanto nos saudaram durante essas festas!" *Revista Ilustrada*, ano 13, n.498, 19 de maio de 1888, p.1.

A abolição não correspondeu nem aos receios dos escravistas, nem às expectativas dos abolicionistas. Não foi catástrofe nem redenção.

Gregório Bezerra conta em suas memórias a história de um negro que era *feitor* em uma fazenda do Nordeste, onde Bezerra trabalhou ainda menino (na primeira década do século XX). "Ele tinha sido escravo e continuava pior que escravo", escreveu Bezerra: "E tinha saudade da escravidão, porque, segundo ele, naquela época comia carne, farinha e feijão à vontade e agora mal comia um prato de xerém com água e sal."

Fruto do desespero de um homem que "depois da abolição fora abandonado à sua própria sorte, sem que a sociedade lhe assegurasse mínimas condições de vida, esse depoimento de um escravo que tinha saudades da escravidão não deve ser entendido como um comentário a favor da escravidão. Ele é, de fato, um testemunho eloqüente das condições de vida em que se encontraram muitos ex-escravos, para os quais a abolição representara apenas o direito de ser *livre* para escolher entre a miséria e a opressão em que viveu (e ainda vive) grande número de trabalhadores brasileiros.

Dessa forma, a abolição foi apenas um primeiro passo em direção à emancipação do povo brasileiro. O arbítrio, a ignorância, a violência, a miséria, os preconceitos que a sociedade escravista criou ainda pesam sobre nós. Se é justo comemorar o Treze de Maio, é preciso, no entanto, que a comemoração não nos ofusque a ponto de transformarmos a liberdade que simboliza em um mito a serviço da opressão e da exploração do trabalho.

CAPÍTULO 11

O IMPACTO DA ABOLIÇÃO

A abolição não trouxe a ruína da economia nem o caos social que os mais pessimistas haviam previsto. De fato, do ponto de vista das classes dominantes a transição do trabalho escravo para o trabalho livre foi extraordinariamente bem-sucedida. A desorganização do trabalho pela intensa fuga de escravos nos anos que imediatamente precederam à lei que pôs fim à escravidão foi seguida por uma rápida reorganização nos setores mais dinâmicos da economia. Embora fazendeiros, cuja situação econômica já era precária anteriormente à lei, fossem profundamente abalados, alguns chegando mesmo a ser forçados a abandonar suas fazendas, como classe a maioria dos fazendeiros fez essa transição sem maiores problemas.

A maior parte dos escravos, passada a alegria das primeiras semanas, não ofereceu nenhuma resistência, em contraste com o espírito de revolta e a rebelião dos anos que haviam antecedido a abolição. Aparentemente eles se acomodaram rapidamente à vida de homens e mulheres livres.

A abolição no Brasil não foi resultado de uma revolução como ocorrera no Haiti, nem de uma guerra civil como nos Estados Unidos. Os proprietários de escravos não tiveram de enfrentar um governo imperial metropolitano como as colônias do Caribe, Jamaica ou Cuba, por exemplo. No Brasil, os fazendeiros puderam controlar a transição, sobretudo depois que a Monarquia foi substituída pela República federativa em 1889 e os estados ganharam maior autonomia. Apesar da reivindicação de indenização que prosseguiu ainda por algum tempo até que ficou claro que o governo não atenderia a esse pedido, os proprietários de escravos não foram ameaçados por importante conflito intra ou interclasses. Evidentemente, havia diferenças entre eles: os mais ricos e os proprietários de fazendas mais novas em plena produção tinham mais recursos para enfrentar a transição do que os mais pobres, onerados por dívidas, cujas plantações tinham baixa produtividade. Isso levaria a alguns protestos e ressentimentos. Mas todos estavam interessados em uma transição pacífica para o trabalho livre. Todos estavam interessados em crédito fácil e mão-de-obra barata e abundante para enfrentar a transição.

Os proprietários de escravos também não enfrentavam grandes desafios da parte de outros grupos sociais. As classes médias brasileiras eram, em sua maioria, membros da clientela dos fazendeiros e, com raras exceções, dependiam de sua patronagem. Elas não chegaram a desenvolver um projeto independente viável que pudesse de fato desafiar os grupos agrários. Some-se a isso o fato de que muitos abolicionistas, como Joaquim Nabuco, eram membros da elite e descendentes de famílias ligadas ao setor agrário. Apesar de sua retórica inflamada em prol da libertação dos escravos, estavam mais interessados em livrar a sociedade brasileira do "câncer" da escravidão do que em cuidar da sorte dos libertos. Uma vez conquistada a abolição, a maioria deu-se por satisfeita: tinha alcançado seu objetivo.

Para se entender a falta de medidas visando a integrar o ex-escravo na sociedade é preciso ter em mente os fatos acima referidos. Só então poderemos começar a compreender por que no Brasil não houve um período de aprendizagem anterior à emancipação como nas colônias inglesas, nem se criaram depois dela escolas destinadas especificamente à educação dos filhos e filhas dos escravos, ou uma instituição como o Freedmen's Bureau, criada nos Estados Unidos depois da Guerra de Secessão com o propósito de dar assistência aos libertos. Somente então poderemos começar a entender o silêncio das fontes sobre o que aconteceu aos escravos depois da abolição. Só então poderemos começar a entender por que os historiadores têm preferido estudar a abolição em vez de examinar suas conseqüências para a população emancipada.

A falta de medidas oficiais em escala nacional destinadas a dar assistência aos libertos e a variedade de soluções postas em prática nas diferentes partes do país dificultam o estudo dessa questão. Tomando-se a província de São Paulo como exemplo, pode-se afirmar que os fazendeiros, em sua maior parte, preocuparam-se apenas em garantir o suprimento de trabalhadores para suas fazendas, quer pela intensificação da imigração estrangeira, quer por medidas destinadas a reter os ex-escravos nas fazendas.

Em carta que escreveu a seu amigo, o abolicionista Cesar Zama, dois meses antes da abolição, Paula Souza, um ilustre fazendeiro paulista, gabava-se da facilidade com que fora feita a transição do trabalho escravo para o trabalho livre em sua fazenda. Desde 1º de janeiro, dizia ele, não possuo nenhum escravo. Libertei todos e estabeleci com eles contratos semelhantes aos que tenho com os colonos estrangeiros. Excetuando-se alguns escravos que haviam partido em busca de parentes, a maioria tinha permanecido na fazenda. Paula Souza aconselhava os demais fazendeiros a seguir seu exemplo. Estava convencido de que em poucos meses a maioria dos escravos que abandonaram as fazendas estaria de volta, como sucedera em fazendas pertencentes a membros de sua família que tinham emancipado seus escravos. Havia mão-de-obra abundante nas fazendas. Além dos libertos os fazendeiros podiam recorrer aos trabalhadores livres que tinham vivido na dependência dos proprietários rurais, prestando-lhes pequenos serviços. A princípio, temeroso da falta de braços, Paula Souza contratara alguns deles que agora trabalhavam na lavoura de café e viviam nas antigas senzalas onde a única mudança era a ausência de um cadeado.

Paula Souza descobrira que não tinha mais de vestir e alimentar seus escravos. Agora ele lhes vendia os suprimentos, até mesmo o leite e a couve que consumiam. Isso, explicava ele, não era por ganância, mas visava a ensinar aos ex-escravos o valor do trabalho.

Como muitos fazendeiros paulistas, Paula Souza fizera uma transição fácil para o trabalho livre antes mesmo que a escravidão tivesse sido oficialmente abolida pelo governo imperial. É bem verdade que ele só se decidira a libertá-los depois que a fuga de escravos atingira tal intensidade que fora obrigado a reconhecer que a única solução era libertá-los, o que também sucedera a muitos outros fazendeiros de São Paulo.

Os esforços a fim de promover a entrada de imigrantes para substituir os escravos que haviam sido iniciados já na primeira metade do século XIX intensificaram-se nos últimos anos, facilitando essa transição. De fato, nos últimos onze anos do século XIX, cerca de três quartos de 1 milhão de estrangeiros chegaram a São Paulo. Embora muitos voltassem para seus países de origem, desapontados com as condições de trabalho, outros mudaram-se para as cidades assim que puderam, muitos permaneceram nas fazendas onde trabalhavam lado a lado com os libertos. A abundância de trabalhadores permitiu aos fazendeiros manter baixos salários. Quando os libertos que haviam deixado as fazendas voltaram por falta de alternativas, encontraram patrões que, como Paula Souza, haviam descoberto novas maneiras de explorar seu trabalho.

Nem todos os fazendeiros, entretanto, puderam enfrentar o futuro com a confiança de Paula Souza. Nem todos tinham condições para atrair imigrantes ou para impedir seus escravos de se mudarem para áreas onde a maior fertilidade do solo permitia salários melhores do que nas regiões de solos esgotados e produtividade baixa. Com a abolição esses fazendeiros viram seus bens desaparecerem diante de seus olhos da noite para o dia. O fazendeiro Francisco de Paula Ferreira de Rezende descreveu em cores dramáticas a situação desses homens. Sua fortuna, avaliada antes da abolição em 100 contos de réis, não valia mais de 30 depois dela. Com a falta de trabalhadores, a terra perdera três quartos de seu valor e até mesmo os pés de café avaliados anteriormente entre 400 e 500 réis cada um, não valiam depois da abolição mais do que de 20 a 100 réis, na melhor das hipóteses. O pior era que ele não conseguia encontrar quem quisesse comprar sua fazenda. Os escravos permaneceram até o fim da colheita mas depois abandonaram a fazenda e os que ficaram trabalhavam em um ritmo mais lento produzindo menos do que antes. Fazendeiros como Ferreira de Rezende, cujas propriedades ofereciam poucas condições de rentabilidade, não tinham as opções daqueles cujas propriedades tinham maior rentabilidade. Foram aqueles os mais afetados pela abolição, os que até o último instante esperavam a indenização que não veio.

Se cartas, memórias e petições ao governo permitem reconstituir o que aconteceu aos senhores de escravos depois da abolição, muito mais difícil é saber o que sucedeu aos escravos. As poucas referências disponíveis parecem indicar que alguns abandonaram as fazendas e procuraram se estabelecer em terras aparentemente sem dono, só para se defrontar com a polícia ou com algum proprietário enfurecido que reclamava sua imediata saída. Outros foram viver com parentes nas cidades onde procuraram trabalho. Outros, ainda, após tentarem sem sucesso uma alternativa, acabaram voltando para as fazendas. A maioria, aparentemente, não chegou a abandoná-las e depois da abolição continuaram vivendo nas mesmas senzalas, fazendo o mesmo trabalho e ganhando por ele um mísero salário. A liberdade permitira-lhes mudar de uma fazenda para outra, mas por toda parte as condições que encontravam eram semelhantes. Nas áreas mais produtivas onde poderiam encontrar condições mais favoráveis, o melhor trabalho era mononopolizado pelos imigrantes. Os libertos sofriam com freqüência dupla discriminação, por parte de patrões e de trabalhadores estrangeiros.

Depois da abolição os libertos foram esquecidos. Com exceção de algumas poucas vozes, ninguém parecia pensar que era sua responsabilidade contribuir de alguma maneira para facilitar a transição do escravo para o cidadão. Até mesmo abolicionistas, como o aclamado Joaquim Nabuco, que tão ardentemente militara na campanha abolicionista, no Parlamento e na imprensa por mais de uma década, pareciam ter dado por concluída sua missão. A maioria tinha estado mais preocupada em libertar os brancos do fardo da escravidão do que estender aos negros os direitos da cidadania. O governo republicano que tomou o poder em 1889 excluiu os analfabetos do direito de voto, eliminando a maioria dos ex-escravos do eleitorado. Poucos foram os abolicionistas que, como o engenheiro negro André Rebouças, continuaram a afirmar que a tarefa deles ainda estava incompleta. Com esse fim em vista, Rebouças propôs uma reforma agrária que poria fim ao latifúndio, idéia apoiada pela Confederação Abolicionista e incluída no programa de 1888 do Partido Liberal. A proposta encontrou e encontra, até hoje, feroz oposição dos grandes proprietários de terras.

Quando a Confederação Abolicionista tentou por sua vez desempenhar um papel protetor do emancipado, esbarrou na indiferança das autoridades.

Após a abolição as autoridades pareciam mais preocupadas em aumentar a força policial e em exercer o controle sobre as camadas subalternas da população. Com esse objetivo multiplicaram-se leis estaduais e regulamentos municipais. Renovaram-se antigas restrições às festividades características da população negra, como batuques cateretês, congos e outras. Multiplicaram-se as instituições destinadas a confinar loucos, criminosos, menores abandonados e mendigos. Posturas municipais reiteraram medidas visando a cercear os vadios e desocupados, proibindo que vagassem pelas ruas da cidade sem que tivessem uma ocupação e impedindo-os de procurar guarida na casa de parentes e amigos. Uma postura da cidade de Limeira proibia que se acolhesse liberto desempregado por mais de três dias sem avisar a polícia, que poderia então intimá-lo a "tomar uma ocupação" sob pena de oito dias na cadeia e multa correspondente a um mês de salário. Outras medidas procuraram cercear o comércio ambulante impondo severas penas a quem desrespeitasse as restrições.

Nos anos que se seguiram à abolição, os sonhos de liberdade dos libertos converteram-se muitas vezes em pesadelo em virtude das condições adversas que tiveram de enfrentar. Eles não tardaram em reconhecer que sua luta não chegara ao fim. Caberia a eles próprios se organizarem para alcançar seus objetivos. A emancipação fora apenas o primeiro passo para a liberdade. Muitos anos após o fim da escravidão, o eco de sua frustração ainda se podia ouvir. Em 1972, um líder operário entrevistado pelo cientista social Leite Lopes em Pernambuco comentava que a escravidão do negro tinha terminado ... "mas a do trabalhador, a do pobre, ainda continua".

CRONOLOGIA

1825 José Bonifácio de Andrada e Silva publica, em Paris, sua Representação à Assembléia Geral Constituinte e Legislativa do Império do Brasil sobre a escravatura.

1831 Lei proibindo o tráfico de escravos.

1850 Nova lei proibindo o tráfico de escravos. Conhecida como Lei Eusébio de Queiroz.

1851 Silva Guimarães propõe na Câmara dos Deputados a emancipação dos nascituros (crianças nascidas de mãe escrava).

1865 Projeto de Pimenta Bueno emancipando os filhos de mãe escrava.

1866 Junta Francesa de Emancipação envia ao imperador um apelo em prol da emancipação dos escravos.

1867 O imperador introduz, pela primeira vez, na *Fala do Trono*, a questão da emancipação.

1868 O imperador volta a insistir na *Fala do Trono* sobre a necessidade de serem tomadas medidas em favor da emancipação dos escravos.

1868 Queda do Ministério Zacarias de Goes. Os liberais caem, sobem os conservadores que permanecerão no poder durante dez anos. A queda do Ministério Zacarias provoca uma crise política de grandes proporções.

1869 Manifesto liberal propõe uma série de reformas, entre as quais a emancipação gradual. Termina com as palavras: "Ou a Reforma ou a Revolução".

1869 Manifesto da ala radical do Partido Liberal pede a abolição da escravatura.

1871 Março — Ministério Rio Branco apresenta-se à Câmara anunciando seu propósito de encaminhar um projeto de emancipação dos filhos de mãe escrava.

1871 28 de setembro — Lei do Ventre Livre.

1878 Partido Liberal volta ao poder.

1878 Nabuco é eleito deputado.

1880 Fundada, no Rio de Janeiro, a Sociedade Brasileira contra a Escravidão.

1881 Nabuco não consegue ser reeleito.

1884 Emancipação do Ceará e da província do Amazonas.

1884 O Ministério Dantas propõe emancipação dos sexagenários.

1885 José Antônio Saraiva torna-se presidente do Conselho. O Ministério Liberal cai e é substituído por um Ministério Conservador.

1885 Ministério Cotegipe, depois de tornar o projeto de emancipação dos sexagenários mais aceitável para os proprietários de escravos, consegue sua aprovação. A lei passa para a história sob o título de Lei dos Sexagenários ou Saraiva-Cotegipe.

1887 Partido Republicano paulista, que até então evitara se manifestar em favor da abolição, dá sua adesão.

1888 Queda do Ministério Cotegipe que se caracterizou pelo combate e pela perseguição aos abolicionistas.

1888 Março — João Alfredo Correia de Oliveira é chamado para ser ministro. Apresenta-se à Câmara anunciando sua intenção de propor um projeto abolindo a escravatura.

1888 8 de março — Projeto de abolição é apresentado à Câmara.

1888 13 de maio — Lei Áurea assinada pela princesa Isabel. É declarada a abolição dos escravos.

BIBLIOGRAFIA

BEIGUELMAN, Paula, *Formação política do Brasil*. Teoria e ação no pensamento abolicionista. São Paulo: Pioneira, 1976, v1.

BEZERRA, Gregório. *Memórias* — Primeira parte 1900-1945. Rio de Janeiro: Civilização Brasileira, 1980, v1.

BETHEL, Leslie. *The Abolition of the Brazilian Slave Trade*. Cambridge: England, 1970.

CONRAD, Robert. *Os últimos anos da escravatura no Brasil, 1850-1888*. Rio de Janeiro: Civilização Brasileira, 1975.

COSTA, Emília Viotti. *Da senzala à colônia*. São Paulo: Ciências Humanas, 1982, 4.ed.

CHALHOUB, Sidney. *Visões da liberdade*: uma história das últimas décadas da escravidão na Corte. São Paulo: Companhia das Letras, 1990.

DEAN, Warren. *Rio Claro, A Brazilian Plantation System, 1880-1920*. Stanford: Stanford University Press, 1976.

EISENBERG, Peter. *Modernização sem mudança:* a indústria açucareira em Pernambuco, 1840-1910. Rio de Janeiro: Paz e Terra, 1997.

FERNANDES, Florestan. A *integração do negro na sociedade de classes*. São Paulo: EDUSP, 1965, 2v.

FREITAS, Décio. *Insurreições escravas*. Porto Alegre: Movimento, 1975.

IANNI, Otávio, *As metamorfoses do escravo*. São Paulo: Difusão Européia do Livro, 1962.

LIMA, Lanna Lage da Gama. *Rebeldia negra e abolicionismo*. Rio de Janeiro: Achiamé, 1981.

MACHADO, Maria Helena. *Crime e escravidão*. Trabalho, luta e resistência nas lavouras paulistas, 1830-1888. Rio de Janeiro/São Paulo: UFRJ/EDUSP, 1994.

MAESTRI FILHO, Mário. *O escravo no Rio Grande do Sul*. Caxias: Editora da Universidade de Caxias do Sul, 1984.

MOURA, Clovis. *Os quilombos e a rebeldia negra*. São Paulo: Brasiliense, 1981.

QUEIROZ, Suely Robles Reis de. *Escravidão negra em São Paulo*. Rio de Janeiro: José Olympio, 1977.

REIS, João José e SILVA Eduardo. *Negociação e conflito*: a resistência negra no Brasil escravista. São Paulo: Companhia das Letras, 1989.

STEIN, Stanley. *Grandeza e decadência do café no Vale do Paraíba*. São Paulo: Brasiliense, 1961.

SOBRE O LIVRO

Formato: 14 x 21 cm
Mancha: 23 x 42 paicas
Tipologia: Goudy Old Style 11/13
Papel: Offset 75 g/m² (miolo)
Cartão Supremo 250 g/m² (capa)
1ª edição: 2008

EQUIPE DE REALIZAÇÃO

Edição de Texto
Antonio Alves (Preparação de Original)
Regina Machado e Amanda Valentin (Revisão)

Editoração Eletrônica
Eduardo Seiji Seki (Diagramação)

Fotos
Bonalux Studio